법의 춤

이 상 돈

法 文 社

머 리 말

춤과 법(dance and law) 또는 법춤학, 이런 학문이 가능한 것일까? 일반인도 법률가도 똑같은 질문을 내게 했다. 그러나 법미학(2008)을 쓸 때 춤의 다성성에 주목하면서 나는 포스트모던 시대의 법에는 새로운 정의의 요소가 필요하며, 춤이 바로 그것이라는 생각을 했다. 대부분의 법학자들이 그렇듯, 모범생과 춤추는 것은 어울리지 않다. 그런 생각이 우리 세대의 사회화 과정을 지배했다. 춤추는 것은 딴따라나 하는 짓이라고 교육받았다. 그렇게 우리는 '엄숙한 몸'(the solemnized body)을 추구했다. 그러나 엄숙한 몸은 법의 배후에 있는 권력이 우리의 몸에 작용한 결과이다. 푸코(Foucault)는 이를 이론화했고, 실증적으로 고증했다. 만일 우리가 몸의 엄숙성을 풀고 자유로운 춤을 춘다면, 그것은 법의 배후에 있는 권력을 해체하는 의미를 가질 수 있다. 여기서 춤과 법의 관계에 대한 성찰이 요구된다.

이 책은 춤과 법의 관계에 관한 다양한 현상을 다룬다. 이를테면 춤의 저작권 문제라든가, 법정 퍼포먼스를 춤으로 바라보고, 춤을 활성화하여 변호권을 강화하자는 식으로 '법 안에서 춤'(dance in law)의 역할을 다룬다. 그러나 나의 주된 관심은 '춤이 법이고, 법이 춤이다'(law as dance)라는 명제를 해명하는 데에 있다. 부족사회에서 춤이 분쟁을 해결했던 현상은 춤이 본원적으로 법이라는 점을 말해준다. 그러나 복잡한 현대사회에서는 춤이라는 퍼포먼스가 법의 역할을 떠맡을 수는 없다. 그러므로 춤을 기호학적으로 해석하여 그 의미구조를 밝혀내고, 법에 그런 의미구조를 심는 방식으로 춤이 법이 되게 할 수밖에 없다. 이를 통해 이성법이 춤을 출 때, 인간의 자유는 한층 더 커질 것이다. 물론 이 작업이 이성법의 전통에서 언어의 과학적 의미론으로 조탁된 합리적인 논증으로 이루어질 수는 없다. 그런 논증은 애당초 법과 춤을 함께 엮을 수가 없다. 다른 류의 논증이 필요하다. 수사학적 논증이 그것이다. 그렇기에 이 책의 논증은 합리적 논증으로 법과 춤을 함께 엮을 수 없는 차원에서는 은유나 환유를 즐겨 사용한다. 이것은 논증의 결핍이 아니다. 합리적 논증과 '다른 류'의 논증일 뿐이다. 합리적 논증을 지향하는 법학자들은 논증도 하나의 문화적 현상임을 이해할 필요가 있다.

이제 독자들의 이해를 돕기 위해 이 책이 나의 기초법학 공부에서 어떤 위치를 차지하는지를 되돌아보고자 한다. 내가 펴낸 기초법학 분야의 연구서들은 제법 많다. 1990년대에서 2000년대 중반까지는 모더니즘의 기획을 좇았다. 『법이론』, 『법학입문』, 『법사회학』(공저), 『대화이론과 법』(Klaus Günther의 논문 편역서), 『생명공학과 법』, 『인권법』, 『공익소송론』, 『시민운동론』 등이 이 기획에 합류했다. 2000년대 중반 이후로는 주로 포스트모더니즘의 성찰을 수용해왔다. 『법제화이론』(Gunther Teubner의 논문 편역서), 『법문학』(공저), 『포스트모더니즘과 법』(공저), 『법미학』, 『법정신분석학입문』(공저) 그리고 이 책 『법의 춤』이 이 성찰에 동참해오고 있다. 다음 도표는 이를 한눈에 보여준다.

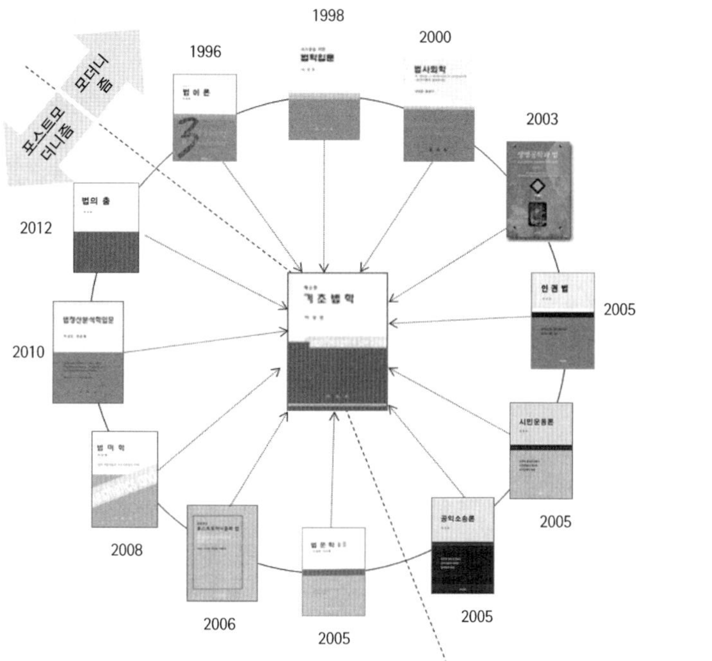

하지만 내가 포스트모더니즘 쪽으로 사상의 전향을 한 것은 아니다. 만일 포스트모더니즘이 법을 완전히 뒤덮는다면, 자유의 상실은 더 커질 것이다. 포스트모던 사회의 법에서도 모더니즘의 기획은 여전히 유효하다. 다만 모더니즘의 기획 아래 구성된 법은 언제나 포스트모더니즘을 통한 성찰이 필요하다. 이를 '성찰적 모더니즘'이라고 할 수 있다. 물론 성찰적 모더니즘은 포스트모더니즘의 진영에서 보면 반성적 포스트모더니즘과 바로 맞닿아 있다. 그렇기 때문에 성찰적 모더니즘과 반성적 포스트모더니즘 사이의 간격은 한나라당과 민주당의 이념적 간격보다도 훨씬 작을 수 있다.

독자들에게 이 책의 낯설음에 대한 관용을 부탁하고 싶다. 특히 모범생으로만 살아온 엘리트 법학자들에게 — 특히 실증주의적 사유에 갇혀 있거나 형이상학적 자연법론에 함몰되어 있는 법학자들에게 — 그런 관용을 기대한다. 그들은 도대체 왜 법과 춤을 엮어서 생각해봐야 하는지, 왜 하필 — 이전에는 문학이나 미학, 영화 등을 통해 하던 것을 이번에는 — 춤을 통해 법이 자기반성을 해보아야 하는지, 그러기 위해 법은 과연 이성법적 전통에서 성장한 합리적 논증의 습성을 어떻게 넘어설 수 있는 것인지 등, 꼬리에 꼬리를 물고 피어오르는 물음들 앞에서 이 분과를 이해하려는 노력을 쉽게 포기할 것이다. 포기하더라도 관용은 가능하다. 또한 그런 관용마저 저버리고, 법춤학은 '학문이 아니다, 법학은 더더욱 아니다'라는 독설로 이 책을 폄하하는 엘리트 법학자들도 있을 것이다. 그런 사람들에겐 그냥 이 '다른' 법학에 대한 관용도 현대사회의 법원리인 관용의 원칙이 요청하는 것이라는 이성법의 전통을 한번쯤 되새겨 볼 것을 권하고 싶다. 하지만 그런 이들과는 너무나 대조적인 반응을 보이는 사람들도 있다. 나의 법춤학 강의를 접한 젊은 법학도들은 마치 외면하고 살았던 '자기'(self)를 되찾는 것 같다는 공감(empathy)을 보이곤 했다. 그 공감은 법의 근원에 대한 망각의 역사를 되찾는 통찰로 이어질 수 있다.

물론 이 책의 완성도는 나의 다른 작품들에 비해 좀 떨어진다는 점을 고백해야만 한다. 춤에 대한 전문적 이해의 부족, 춤과 법을 교차시키는 수사학적 레퍼토리의 부족, 춤과 관련한 법적 문제의 임의적 선택 등 많은 점에서 한계가 있기 때문이다. 그러나 이런 분야를 처음 개척하는 책이 그런 한계를 모두 넘어설 수는 없다. 그런 한계에 대한 비난은 마치 갓 태어난 아이에게 왜 성숙한 어른의 완전한 모습을 갖고 태어나지 않았냐고 비난하는 것과 같다. 독자들은 이 책이 아직은 부족한 게 많은 법춤학의 신생아임을 너그러이 이해해 주길 바란다. 그 아이를 멋지게 성장시키는 일을 나는 이 책의 성찰에 공감하는 법학자들과 학문후속세대들과 함께 나누고 싶다. 그들이 더 훌륭하게 키워주리라 믿는다.

이 책에 앞서 나는 「춤으로서 법의 기호학적 의미」(고려법학 제62호, 2010)라는 논문을 발표했는데, 그 논문은 이 책의 기본사상을 담고 있음을 밝혀둔다. 이 책은 그 논문의 논의를 기초로 하되, 그 논의의 범위를 대폭 확장하고(예: 춤의 저작권 논의, 법춤학의 3유형), 논증의 밀도도 더욱 촘촘히 하고 있다. 이 책을 펴내는 데는 2011년 1학기 고려대학교 대학원에서 내가 개설한 '춤과 법' 세미나가 적지 않은 도움이 되었다. 이 세미나에 참여한 모든 대학원생들에게 고마움을 전하고 싶다. 수업시간에 내가 해설한 내용들이 자세하고 명확한 언어로 이 책에 표현되어 있다. 이 책이 그들에게 세미나 후의 또 다른 수업이 될 수 있으면 좋겠다. 참여자들 가운데 특히 내 세미나를 이끌어 준 제자 민윤영 박사(영국 Oxford 대학교 유학중)와 세미나를 힘차게 뒷받침해 준 박사과정의 김지원 님(미국 New York 대학교 유학중)에게 큰 고마움을 전한다. 그리고 이 책의 교정을 성실히 해준 박사과정의 홍가혜 양과 법학연구원 손보미 양의 노고에 고마움을 전한다.

2012년 새해 아침에
고려대학교 연구실에서
이 상 돈

차　　례

제1부　법춤학의 기초

[1] 법의 기호로서 춤

[2] 법춤학의 영역과 예시적 분석

제2부 춤의 기호학적 분석과 법의 이해

[4] 발레의 이상과 근대법의 이성

도표 목차

삽입글 목차

제 1 부

법춤학의 기초

[1] 법의 기호로서 춤

Ⅰ. 춤의 전 인류적 의미와 법과의 관계

춤[1]은 전 인류의 모든 역사에서 존재한다. 그리고 춤은 도처에 있다. 음악, 연극, 뮤지컬, 오페라, 방송, 영화, 스포츠행사, 삶의 곳곳에 춤은 빠지지 않는다. 춤을 '추상적인 동작의 연속'[2](a

1) 춤은 무(舞)와 함께 쓰여온 우리나라 말이다. 춤은 현행 저작권법 제4조 제1항 3호에서는 '무용'이라는 개념으로 사용된다. 무는 팔을 저올리고 저으며 돌린다는 뜻이고, 용은 발로 딛고 차며 뛰어오른다는 뜻으로 영어의 dance, 불어의 danse, 독어의 Tanz와 동의적 의미로 쓰인다고 한다(성기숙, "외래춤의 유입과 근대춤 형성에 관한 고찰", *공연과 리뷰* [제3호, 1995], 80쪽), 그러나 무용은 원래 1904년 일본 영문학자 쓰보우찌(1859~1935)의 "신악극론"(新樂劇論)에서 비롯된 개념이라 한다. 1905.11.3.일자 매일신보에서는 '도무'(蹈舞)라는 개념을 사용했고, 1909.5.22.일자 매일신보에서 무도(舞蹈)라는 개념으로 대체되고 있다. 도무나 무도는 대체로 전통적인 우리 춤과 구별되는 서구적인 사교춤을 일컫는 말로 사용되었다고 한다(성기숙, 앞의 논문, 80쪽). 이렇게 볼 때 내가 이 책에서 형성하는 새로운 법분과로서 법춤학이란 개념에 대한 예상되는 비판으로 법(法)이라는 한자어와 춤이라는 한글말의 결합이 부적절한 언어사용이라는 점은 면책될 만하다. 근대춤이라고 할 때의 근대(近代)도 한자어와 춤이라는 한글말이 결합된 것이기 때문이다.

2) 이에 관해 Jessica Cassity, "Beginner's Edge: Even Modernist Within Your Reach", *Dance Spirit* (December, 2002), 40쪽 참조.

series of abstract movements)으로 이해한다면, 춤은 법정의 변론이나 심지어 정치가의 대중연설, 걸음마를 하는 아이의 몸짓에도 있다. 그래서 '산다는 것이 곧 춤추는 것이다'라고 말할 만하다. 춤추지 않고는 고난의 '삶을 견디어내는 것'(endure life)[3]이 힘든 우리의 일상은 이를 뒷받침해준다.

1. 소통과 통합의 매체로서 춤

또한 춤은 사회구성원들 사이의 근원적인 의사소통의 매체이다. 그렇기에 소통의 역사 속에서 침전된 사회구성원들 사이의 상호작용 패턴들이 춤의 양식 속에 상징화, 형상화되어 있다. 즉 흥접촉춤[4]처럼 춤이 특정한 형(形)의 양식을 거부하는 경우에도 포스트모던의 시대정신을 구현하는 '형(形)이 없는 양식'을 갖는다. 춤의 양식에 형상화된 상호작용의 패턴들은 개인의 정체성 이해나 인간종의 이해, 사회관습, 종교적 메시지나 국가의 정치 이데올로기 등 수많은 상징체계들에 관계한다. 그렇기에 춤을 춘다는 것은 그런 상징을 재생산하는 것이며, 그 상징들이 수행하는 기능을 발휘하게 만든다. 그런 기능은 다양한 각도에서 설명될 수 있지만, 가장 중요한 것으로 '통합력'을 들 수 있다.

[춤의 통합력] 춤의 통합력을 쉽게 설명해보자. 만약 매우 이질적인 다섯 명의 어학연수생이 모여 갑론을박을 한다고 가정하자. 그런데 갑자기 음악이 흘러나오고, 그들 중 한 명이 춤을 추기 시작한다. 다른 넷도 뒤따라 춤을 춘다. 그러면 이들 사이에는 언어

3) 프로이트(Freud)는 삶을 견뎌내는 것을 모든 생명의 첫 번째 의무라고 본다. 이에 관해 S. Freud (김석희 옮김), "전쟁과 죽음에 대한 고찰", *문명 속의 불만* (열린책들, 2005), 69쪽.

4) 자세한 것은 [5] 단락 참조.

> 로 할 수 없는 소통이 일어나고, 그 소통은 이질적인 그들을 동질적인 집단으로 묶어 준다. 그러나 만약 네 사람만 춤을 추고, 한 사람이 끝까지 그대로 있다고 하자. 그러면 이때 춤추는 네 명의 사람들은 관람의 대상이 되어 버린다. 이럴 경우 다섯 명의 연수생들은 하나의 집단으로 통합되지 못한다. 그래서 네 명은 그 한 사람에게 춤출 것을 강권한다. 이는 마치 미국의 결혼식 춤에서 막판에 춤추지 않는 사람을 집어삼키는 집단 춤이 펼쳐지는 현상[5]과도 유사하다. 유럽과 미국의 결혼식에서 춤추기는 2단계로 나눌 수 있다. 제 1단계는 듀엣의 순차적 구조, 즉 (신랑-신부) → (신부-시아버지)/(신랑-장모)/(신부아버지-신랑어머니) → (신랑-신랑어머니)/(신부-신부아버지)/(신부어머니-신랑아버지)의 순으로 춤을 춘다. 이로써 상반되는 두 집단인 두 가문이 가족으로 통합된다. 결혼식 춤의 제 2단계는 (미국의 경우) 짝을 이루는 춤 대신에 대규모의 집단무이다. 집단무는 새로운 가족이 지역사회에 통합되는 상징을 창출한다. 춤은 이처럼 모든 사람을 하나의 사회로 통합시키는 것이다.

이로써 개인의 양식 없는 춤추기는 도덕적인 초자아가 억압한 무의식의 욕망을 의식화하여 의식과 무의식의 지나친 괴리에 따른 자기파괴의 충동을 해체한다. 개인의 내면에서 의식(초자아)과 무의식을 소통시켜 — 융(Jung)이 말하는 — 전일성(Einheit)의 정신으로 통합시킨다. 또한 결혼식에서 춤추기는 새로운 사람을 가족의 구성원으로 받아들이는 통합의 기능을 한다.[6] 민속적 춤을 추는 것은 그 민속에 속한 사람들을 민족국가

5) 이와 같은 결혼식 춤의 통합기능, 문화형성기능을 주장하는 샐리 베인스(Sally Banes)(김지명 옮김), "힘과 춤추는 몸", *공연과 리뷰* (제55호, 2006), 264~265쪽 참조.

6) 또한 이런 역사는 단적으로 미국에서 춤의 도덕적 상당성이 없다는 이유로 저작권보호를 하지 않았던 역사(이에 관해서는 Kathleen Abitabile and Jeanette Picerno, "Dance and the Choreographer's Dilemma: A Legal

(nation-state)로 통합시킨다. 그렇기 때문에 민속(folklore)이 19세기 초반부터 유럽에서 국가적 통합을 위하여 정치적으로 강조되고 이용되기도 하였다.[7] 더 나아가 춤은 세계화 시대에 인종과 종교의 차이를 넘어 국가를 이루는 통합적 기능을 발휘한다.

> **[춤이 박탈된 우리나라 결혼식]** 오늘날 우리나라의 결혼식은 춤이 없는 죽음의 예식이다. 축의금의 계(契)로써 상부상조하는 기능과 모노가미의 이데올로기에 대한 충성서약이 결합된 의식일 뿐, 새로운 사람을 가족의 일원으로 받아들이는 통합적 상징이 결혼식의 예식에서 사라져 있기 때문이다. 물론 결혼식의 이런 형식화, 이념화, 금전화는 왜곡된 근대화의 역사가 낳은 결과일 것이다. 예컨대 박정희 대통령 시절에 만들어진 「가정의례준칙에 관한 법률」(1969)이나 5.18. 쿠데타 다음 해에 만들어진 「가정의례에 관한 법률」(1981) 그리고 MB 정부에서 만들어진 「건전가정의례의 정착 및 지원에 관한 법률」(2008) 등은 그런 역사의 침전물을 보여준다. 이 법들의 시행령(대통령령)으로 만들어진 가정의례준칙들은 혼인 등의 가정의례에서 허례허식을 버리게 하는 것을 넘어서 복장의 단정, 간소화를 요구하는 등의 건전성 이데올로기를 구축한다. 이 준칙들은 심지어 혼인예식의 식순(현행 건전가정의료준칙 별표 3 참조)을 정해놓기도 한다. 준칙화된 결혼식의 식순 어디에서도 춤은 찾을 수 없다. 이 법들은 춤을 불건전한 것으로 인지하게 만든다. 춤의 불건전성, 춤이 도덕적 품위가 없다는 인식은 근대국가의 법에서 춤이 추방된 역사와 함께 한다.

---

and Cultural Perspective on Copyright Protection for Choreographic Works", *Campbell Law Review* [Vol. 27, 2004-2005], 41쪽)에서도 등장한다.

7) 이런 견해로 Anca Giurchescu, "The Power of Dance and its Social and Political Uses", *Yearbook for Traditional Music* (Vol. 33, 2001), 115~116쪽.

이처럼 춤과 법은 기능적으로 서로 교차된다. 춤이 법의 기능(사회적 통합)을 대신하는 부분이 있고, 법이 삶의 조건을 마련함(자유보장, 생존배려)으로써 춤의 기능(삶을 견뎌내게 하는 것)을 대신하는 부분이 있는 것이다. 또한 이 둘은 순환적인 상호작용을 한다. 춤추기가 일정한 문화담론을 형성하고, 그 담론이 권력과 법을 생산하며, 법은 다시 춤추기를 규제한다.

2. 춤과 법의 관계 역사에 대한 성찰의 과제

그런데도 법과 춤은 제도적으로는 엄격하게 분리되어 있다. 그러나 이런 분리는 근대화의 역사적 산물일 뿐이다. 즉, 춤은 근대화의 역사 속에서 법에서 분리되어 윤리의 감옥에 갇힌 것이다. 하지만 포스트모던 사회는 춤이 법에 다시 복원되는 현상을 보여준다. 이 점이 이 책에서 내가 주장하고자 하는 바이다. 그러므로 법과 춤의 관계의 역사는 이론적 가설로는 크게 세 단계로 구분할 수 있다.

- 법과 춤이 하나로 통합되어 있었던 역사(전근대)(아래 II),
- 법과 춤이 종교와 국가, 법과 도덕의 관계처럼 서로로부터 분리되고, 법에서 춤이 추방된 역사(근대)(아래 III),
- 그리고 오늘날 법에서 춤이 다시 복권되기 시작하는 역사(탈근대)(아래 IV).

이런 구분은 물론 근대성을 중심으로 한 것이다. 근대 이전의 모든 역사가 전근대라는 개념으로 묶일 수는 없다. 또한 탈근대적 현상들도 탈근대라는 개념으로 규합될 수는 있지만, 엄밀하게 정의될 수는 없다. 그럼에도 이 구분은 법에서 춤의 복원을 위해서는 유용한 설명틀이 될 수 있다.

Ⅱ. 법과 춤의 미분리

춤이 법으로부터 분리되는 근대화의 역사 이전에 춤은 법과 함께 전체사회적 에토스(gesamtgesellschaftliches Ethos)를 구성하는 요소였다. 이 점은 단지 전 인류의 전 역사를 통틀어서 뭉뚱그려 말할 수 있는 가설적인 진단일 뿐이다. 이 진단의 명확한 증명은 수많은 법인류학적, 민속학적 연구를 필요로 한다. 그런 연구를 내가 직접 모두 수행할 수는 없다. 그래서 여기서는 문화인류학적인 관점에서 한국인과 매우 근접해 있는 인디언이나 에스키모인 등의 부족사회를 예로 하여 법이 춤과 어떻게 통합되어 있는지를 들여다 보기로 한다.

1. 우주론, 신화, 법의 융합

인디언의 부족 사회에서 춤을 춘다는 것은 전설과 신화를 상징화한다. 예컨대 애리조나 북동부 지역 푸에블로 인디언의 일족인 호피족(The Hopi)에게 우주론과 신화 그리고 법은 춤을 통해 단일한 것으로 표현된다. 호피족에게 우주는 빛도 바람도 없는 어둠의 무한공간에서 태양의 영인 타와(Tawa)가 네 번[8)]에

8) 인간들은 무한공간에서 스스로 실체를 더하여 창조한 세계(제1세계)를 시작으로 곤충 같은 창조물이 사는 생명의 의미를 이해하는 제2세계, 정의를 더한 제3세계를 거쳐 마력과 부도덕의 타락을 극복한 제4세계로 나오게 되었다. 제4세계는 생명의 비밀이 죽음이며, 대지에 살 자격으로 책임을 받아들이는 세계이다.

걸쳐 창조한 '신화'적 세계로서 습기(moisture)와 그 기호들(예: 비, 눈)로 구성된다. 호피족들은 이런 우주론 속에서 하나의 '법'적 공동체로 통합되고, 전 세계의 생명에 대한 책임의식 속에 살아간다.[9] 여기서 춤은 우주와 그 창조의 신화를 재생산하고, 현존하는 인간과 신들을 중개시킴으로써 호피족 사회의 법적 통합을 수행한다. 그런 춤으로 널리 알려진 것이 '카치나'(katsina)이다.

> 동지가 지나 6살 이상의 남자들은 인간과 영의 세계를 소통시키는 초자연적인 메신저인 '카치나'(katsina)[10]가 되는 춤의식을 한다. 태초의 공간을 상징하는 돌로 다듬어 만든 지하의 신성한 공간인 키바(kiva)에서 사다리를 타고 올라오는 의식을 행한다. 춤출 때 오른발로 땅을 계속 밟아 지하의 영혼들을 깨운다. 이때 댄서들은 신이나 각종 동물들의 혼령, 조상, 구름 등을 표현한 가면[11]을 쓴다. 춤추는 댄서의 느슨하게 흩날리는 머리카락은 하늘에서 내리는 비의 기호이며, 깃털머리 장식의 흰 헝겊은 눈의 기호이다. 또한 춤출 때 내쉬는 숨이나 가면 속에서 숨결로 펄럭이는 독수리의 흰 깃털과 무당이 피우는 제식들은 단지 상징이 아니라 춤에 의해 역동적으로 생성되는 힘이며, 이로써 구름을 타고 인간과 신들 사이의 중개자인 카치나가 되게 만든다.[12] 특히 카치나의 숨결은 구름을 불러들여 대지에 심은 씨앗에게 생명의 습기를 주게 한다. 춤의

9) 이상의 설명은 Joann W. Kealiinohomoku, "Dance, Myth and Ritual in Time and Space", *Dance Research Journal* (Vol. 29, No. 1, 1997), 66쪽에서 요약 정리한 것임.

10) 인디언의 카치나(katsina)가 우리나라의 쾌지나(kachina) 풍물놀이와 인류학적으로 매우 근접한 것이라고 주장하는 관점도 있다. http://blog.daum.net/rione30/17062514 참조.

11) 현재 이 의식은 각종 카치나 인형(kachina dolls)의 문화상품으로 희화화되고, 화석화되었다.

12) 이런 상징적 설명은 Joann W. Kealiinohomoku, "Dance, Myth and Ritual in Time and Space", *Dance Research Journal* (Vol. 29, No. 1, 1997), 71쪽 각주 4번 참조.

방향은 마치 뱀과 같은 형상으로 꼬불꼬불하게 이루어진다.

2. 법의 기능을 하는 춤

그러므로 인디언들에게 춤을 춘다는 것은 곧 공동체적 삶을 산다는 것이며, 오늘날 법이 공동체적 삶의 가능조건으로 이해된다면, 이들에게 춤은 곧 법이었다고 말할 수 있다.

(1) 춤의 법규범생산과 법규범의 춤에로의 내부화

이를 조금 더 이해하기 쉽게 하기 위하여 예를 들어 설명해 보자. 호피족들이 춤을 춤으로써 우주와 자연과 합일되는 신화적 전통 속에서 그들의 고유한 문화를 재생산한다는 것은 예컨대 그들로 하여금 인간 주변 동물에 대하여 — 비록 필요한 만큼만 하는 최소한의 살상은 있지만 — 파트너의식을 가지게 하며, 불필요한 살생을 금지하고 동물의 생명을 자기 형제처럼 존중하는 규범을 내면화시킨다. 여기서 오늘날 문명화된 사회는 — 비록 주로 국가의 자산유지 일환으로서, 그리고 그 동물 종의 보존을 위해서긴 하지만 — 대개 동물을 보호한다는 법을 갖고 있다는 점을 고려해보면, 춤은 동물과의 공존을 지향하는 오늘날의 법에 해당하는 행위규범을 생산했다고 볼 수 있다. 또한 사람들이 '같은' 춤을 춘다는 것은 춤이 생산하는 법규범을 내면에 수용하는 것이 된다. 이를 거꾸로 바라보면 인디언 사회에서 법은 언어가 아니라 춤에 이미 내재화되어 있다고 할 수 있다.

물론 문명사회의 동물보호법제는 궁극적으로는 이성적인 인간의 품위를 위한 것이라는 인간중심의 근대적 이념에 의해 각인되어 있다. 이를테면 우리나라 동물보호법도 "동물을 적정하게 보호·관리함으로써 생명의 존중 등 국민의 정서함양에 이바지함"(제1조)을 목적으로 한다. 이처럼 법이 다른 종에 대한 인간의 지배와 존재론적 우월성을 지속시키는 방편으로 기능할 때 그 법은 근대적인(modern) 것이다. 이에 비해 인디언의 춤은 다른 종으로서 동물과의 공존과 영혼적 교감을 향한 매체로서 기능한다. 인간중심성을 벗어나 인간과 동물이 형제처럼 나란히 한다. 바로 그런 점에서 인디언의 춤이 수행하는 법의 이념은 포스트모던 시대의 동물권에 대한 새로운 이해와 법제화를 이끌 수도 있다.

(2) 춤의 분쟁해결과 사회통합의 기능

법과 춤이 분화되지 않은 사회에서 춤은 법의 분쟁해결기능을 직접 수행하기도 한다.

1) 에스키모인의 분쟁해결 　가령 에스키모인, 그들 스스로를 칭할 때 인간이라는 의미로 부르는 북아메리카의 이누이트(Inuit) 부족은 가무(歌舞, Song and Dance)의 경연을 통해 분쟁을 해결했다. 이 이누이트 부족 사람들은 분쟁이 생기면 상대를 서로 공격하긴 하지만, 분쟁의 진정한 본안에 대해서는 직접 말하지 않는다고 한다. 분쟁은 청중이 볼 때 북을 더 잘치고 노래춤을 더 잘하는 사람을 승리자로 삼는 방식으로 해결되었다.[13] 이런 인류학적 연구가 얼마나 철저한 고증을 바탕으로 신뢰성이 있는 것인지는 여기서 논의하지 않기로 한다.

중요한 점은 적어도 그 사회에서는 퍼포먼스가 매우 강한 통

13) 이에 관한 연구로 Max Gluckman, *Politics, Law and Ritual in Tribal Society* (Aldine Transaction, 2006) 참조.

합력을 발휘했다는 점이다. 춤과 노래의 퍼포먼스는 분쟁의 본안과 상관이 없다. 그런데도 퍼포먼스의 경연 결과에 따라 분쟁이 해결된다면, 그것은 퍼포먼스가 — 오늘날 합리적인 법이 우리사회에서 발휘하는 통합기능보다 — 구성원들을 하나의 공동체로 더 잘 통합시킬 수 있었기 때문일 것이다.

2) 우열 가리기 어려운 춤과 법의 합리성 그러나 분쟁의 본안과 무관한 분쟁의 해결은 분명 '합리성'이 없는 것이다. 그렇기에 춤이 분쟁을 해결하는 사회를 두고, 법이 분쟁을 해결하는 사회보다 덜 진화된 사회로 바라보기 쉽다. 이는 매우 서구중심적인 사고의 결과이다. 하지만 여기서 이런 사고에 대해 비판적인 인류학적 연구에 들어갈 필요는 없다. 오늘날 법체계의 합리성을 반성해보기만 해도, 그런 관점의 타당성이 쉽게 무너진다. 가령 합리적인 법이 분쟁을 해결하는 오늘날의 사회에서 소송의 현실은 이누이트 부족의 춤에 의한 분쟁해결보다 과연 더 합리적인 것일까? 당사자주의와 변론주의의 이념이 지배하는 민사소송에서 승패는 종종 진실과 정의에 의해서가 아니라 얼마나 비싼 변호사를 사서 소송대리인으로 삼느냐에 따라 좌우된다는 점, 그리고 가진 자는 무죄이고, 못가진 자는 유죄(유전무죄 무전유죄)가 되는 형사소송의 현실을 생각해보자. 그러면 현대사회의 법체계도 분쟁의 본안과 관계없이 분쟁을 해결하는 측면이 굉장히 많다는 점을 짐작하게 해준다. 여기서 현대의 법률가들은 — 결투로 분쟁을 해결했던 중세 영국의 — "글래디에이터 스타일의 결투대행기사(knights-errant)"[14]의 혈통을 이어받고 있다고 말할 수

14) Roger I. Abrams, "The Dance and the Adjudication of Disputes",

있다. 게다가 현대사회에서 그와 같은 법의 현실은 이누이트족의 춤이나 중세 영국인의 결투보다도 분쟁당사자 사이에 더 큰 분열을 가져오기도 한다. 명예훼손으로 처벌된 자가 그 피해자를 살해하는 예를 떠올릴 수 있다. 누구도 오늘날의 법이 이누이트족의 춤보다도 더 합리적인 분쟁해결의 기제라고 단언하기는 어렵다.

3. 춤과 법 그리고 기표와 기의

(1) 춤과 법의 상호내재성

지금까지 살핀 짧은 법인류학적 분석을 토대로 춤이 곧 법이라는 기호학적 배치를 해보자. 춤과 법이 서로에게 내재되어 있다는 것은 기호학적인 차원에서 하는 말이다. 그러니까 춤은 법의 기표(記票, signifier)가 되고, 법을 그것의 기의(記意, signified)가 된다고 할 수 있다. 가령 발레는 서양의 근대시민사회에서 이성법이라는 기의를 갖는 기표가 된다. 물론 이는 거꾸로도 말할 수 있다. 이성법이 기표이고, 발레는 기의가 된다. 이성법의 구축은 발레 이외의 춤들이 (가치 있는 춤의 세계에서) 추방되는 미학적 편향성의 역사적 의미맥락 속에서 이루어졌기 때문이다. 이와 같은 기호학적 차원과 현상학적 차원은 구별되어야 한다. 춤과 법이 분리된 역사 이래로, 그리고 추상적 몸짓으로서 춤의 의미만으로는 제대로 규율할 수 없는 현실의 복잡성 때문에 현대사회에서 춤과 법은 더 이상 '현상학적으로는' 같거나 서로에게 내재할 수 없다. 하지만 '기호학적인 차원'에서는 춤의 의미구조 속에 이미 법이 들어가 있고, 법의 의미구조 속에 이미 춤이 들

Rutgers Law Review (Vol. 51, 1999), 908쪽.

어가 있을 수 있다. 이런 기호학적 상호내재성은 앞에서 설명한 바와 같은 춤과 법의 기능적 교차 현상의 배후를 이룬다.

하지만 기호학적 상호내재성은 부분적으로는 법과 춤의 관계 현실에서 역추할 수 있는 현실이 될 수도 있다. 예컨대 법이 음란한 춤을 규제하는 이유가 그런 춤이 법질서를 위태롭게 만들 수 있다는 두려움 때문이라면, 춤은 곧 법의 카운터파트너라는 것이고, 그렇다면 법의 개념은 법이 두려워하는 춤의 부재라는 요소에 의해서 (소극적으로) 구성된다고 말할 수 있다. 그러므로 춤과 법을 기호학적 차원에서 그 의미연관성을 창출하는 작업은 그 자체로 이미 법이 춤이 되게 하고, 동시에 춤이 법이 되게 하는 작업이 된다고 할 수 있다.

(2) 단일신화의 뒷받침

물론 이러한 기호학적 배치의 보편성은 더 많은 인류학적 지식과 연구에 의해 뒷받침되어야 한다. 그러나 그런 지식과 연구가 현재로서는 매우 부족하다. 다만 그 부족분을 여러 문화권의 신화들을 공통적으로 관통하는 하나의 실타래(common threads)가 있으며, 그 실타래를 좇아 가보면 각 문화권의 신화들이 주는 메시지는 같다고 보는 '단일신화'(monomyth)의 이론에 의해 어느 정도 메울 수는 있다.[15] 그러니까 적어도 신화와 우주론 속에서 춤과 법이 기능할 때, 춤과 법의 관계는 인디언 부족사회에서만 타당한 것이 아니라 모든 부족사회에서 타당할 수 있게 된다. 우리나라도 예외는 아닐 것이다.[16]

---

15) Josoph Campbell, *The Power of Myth* (Anchor, 1991) 참조.

16) 특히 호피족의 카치나(katshina)가 우리나라 쾌지나(kachina) 칭칭나네의 풍물놀이와 인류학적으로 같거나 매우 유사하다는 점, 심지어 인디언의 조상이 한반도에서 건너간 사람들이라는 인류학적 주장들에 의해 뒷받침된다.

다시 말해 앞에서 살핀 호피족의 카치나에서 보이는 우주론적 이해와 신화의 전승 그리고 공동체적 통합이 춤이라는 법의 원형적 기호에 의해 하나가 된다는 것이다. 여기서 '원형'(archetype)의 개념을 나는 주로 사회역사적으로 실제하는 법의 현상과 관련되기보다는 인간의 정신세계에서 추출할 수 있는 정신분석학적 보편성과의 관련 속에서 사용하고자 한다. 그러니까 춤추는 인간의 정신 속에서는 언제나 법을 생성시키는 인지작용이 펼쳐진다는 것이다. 도표 1은 지금까지 I.단락에서 설명한 내용을 종합하고 있다.

도표 1에서 춤은 곧 법이며, 우주와 자연 그리고 신화와 하나가 되어 공동체를 통합하는 기능을 한다. 춤을 통해 분쟁이 해결

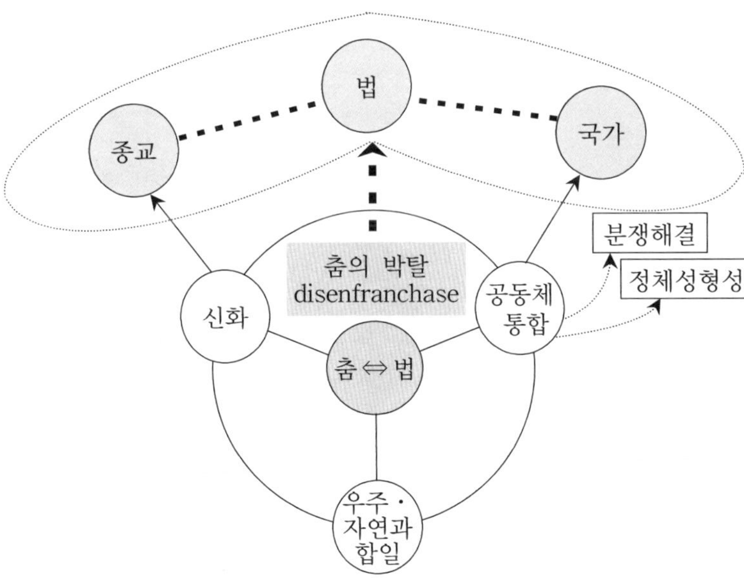

도표 1: 춤과 법의 통합과 분리의 구조

되고, 개인의 정체성도 형성된다. 도표에서 위쪽의 〈종교 — 법 — 국가〉 부분은 근대사회에서 춤으로부터 법이 떨어져 나가고, 종교와 법 그리고 국가가 독자적인 위치를 갖게 됨을 표현하고 있다.

Ⅲ. 법과 춤의 근대적 분리

> "하늘로 나아가려는 것이 불법이었듯이 춤을 추는 것도 불법이었다. 윤리는 이것들을 마법의 형태로 보았다. 유럽에서는 인간이 자연을 뒤집었고, 신에 불복종했다는 믿음이 있었다. 이 날개 없는 두발짐승은 죽어서 그의 영혼이 날아가는 날까지는 춤추거나 날으려고 땅에서 발을 떼지 말아야 했다."
>
> — Pierre Legendre —

'춤은 법의 원형적 기호이다'는 말은 역설적으로는 현실의 법은 춤을 통해 생성되지 않는다는 것을 뜻하기도 한다. 근대법의 현실이 바로 그러했다. 근대법은 종교로부터 분리된('세속화') 규범의 세계를 형성하며, 법은 국가와 하나로 융합되어 있지 않고, 국가의 목적을 실현하거나 국가에 대항하는 요소로 자리잡았다. 근대사회 이후에 종교와 법 그리고 국가는 이처럼 분리되어 있으면서 춤을 각자의 세계에서 축출하였다.

1. 근대법과 발레의 동가성

여기서 근대사회 이래로 법에서 춤이 추방되었다는 것은 어떤 역사적 의미를 갖는 것일까? 이 점은 발레의 성장과 근대법의 발전 그리고 신의 숭고성이라는 삼각관계 속에서 이해될 수 있다.

(1) 춤출 권리의 박탈

법에서 춤이라는 기호학적 차원의 제거를 비유적으로 표현하면 법에서 사람들이 춤출 권리를 '박탈'당한 것이라고 부를 수 있다. 법에서 춤의 기호학적 차원을 제거한 것은 역사적으로는 유럽의 교회가 춤을 "박탈"(disenfranchise)[17]한 데서 비롯된다. 자유로운 춤은 길드를 통해[18] 비밀리에 즐길 수 있을 뿐이었다.

1) 발레의 숭고미와 근대법의 이성 여기서 춤의 박탈은 교회의 권력과 종교적 담론을 재생산하는 데 기여하는 춤만을 허용하는 것을 말한다. 춤은 자유로운 몸의 표현이 아니라, 16~17세기 종교개혁에 자극을 받은 가톨릭 내부의 개혁운동인 스콜라철학(scholasticism)에서 유행했던 형이상학적 이념을 구현하는 수단으로서만 허용될 뿐이었다.[19] 정신과 육체의 이분주의를 전제로 춤추는 육체는 정신의 하위에 놓이고, 춤은 엄격한 위계질서에 편입된 예술로서만 존재하였다. 그러니까 신체에 대한 기독교적 교리는 개인들을 종교적 질서구조에 얽어매는 데 필수적인 요소로 기능한 것이다. 여기서 춤의 추방과 카논화에 관한 기독교 역사를 논의할 수는 없다. 다만 자유로운 춤의 표현들은 코미디나 서커스 광대의 몸짓으로 주변화되고, 발레와 같은 카논

---

17) Joann W. Kealiinohomoku, "Dance, Myth and Ritual in Time and Space", *Dance Research Journal* (Vol. 29, No. 1, 1997), 68쪽.

18) 잭 앤더슨 (서진은 · 허영일 옮김), *발레, 현대무용* (삶과 꿈, 1996), 24~25쪽.

19) 이런 분석으로 Pierre Legendre (Peter Goodrich 역), "The Dance of Law", *Law and the Unconscious: A Legendre Reader* (Macmillan Press, 1997), 39쪽.

(canon)이 있는 연극적인 춤만이 숭고한 아름다움의 가치를 가지는 춤으로 인정되었다는 점이 중요하다.

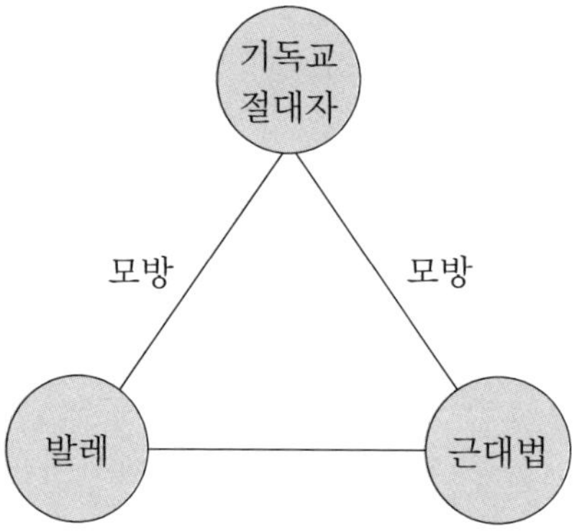

도표 2: 발레, 근대법, 신의 삼각관계

여기서 발레의 숭고미는 근대법의 이성과 같은 위치에 자리잡는다. 가령 발레의 아름다움은 높이를 지향하면서 확장된 선으로 만들어내는 공간적 이미지에 있다. 이는 권리에 의무가 맞대응되어 있고, 권리와 의무를 서로 동등하게 교환하는 '대칭성'(symmetry)과 수많은 법규범들 사이의 '정합성'(coherence)으로 구성되는 근대법의 기하학적 조형미[20]와 그 심미적 구조가 거의 같다. 또한 발레의 춤동작이 지향하는 '높이'의 수직성은 기독교적 신의 존재를 향해 있는데, 이는 근대법이 헌법상 기본권으로 정초된 (근대적) 인권 개념에 내재된 기독교적 신에 지향된 것[21]과 같다. 인권 개념의 기독교적 절대자 지향성은 인권을 흔히 '절대불가침', '양도불가능성', '처분불가능성'의 권리라고 표현하는 데서 엿볼 수 있다. 가령 오늘날에는 서구사회에서 승인된 인권이 다른 비서구권 사회에서는 인권으로 승인되지 않는 경우들이 많다. 문화권적 인권은 대개 그러하다. 그럼에도 근대적 인권을 절대불가침의 권리

20) 이에 관해 자세히 이상돈, *법미학* (법문사, 2008), 112쪽 아래 참조.
21) 이 점을 분명히 한 이상돈, *인권법* (법문사, 2005), 58쪽 아래 참조.

라고 개념화하는 것은 기독교적 종교문화의 (가다마가 말하는) 영향사(Wirkungsgeschichte)[22] 아래 있는 것이라고 할 수 있다. 여기서 기독교적 종교문화가 근대적 인권 개념에 작용한 '영향사'를 역방향으로 파악한다면 근대적 인권이 기독교적 절대자의 권위와 그 숭고성을 모방한 것이라고 말할 수 있다.[23] 이런 영향사와 모방 속에서 근대법은 춤을 그의 생성원으로 남겨둘 수 없었던 것이다.

2) 순치와 자유상실 　근대법의 기호로서 발레는 먼거리의 순치기능을 수행할 수 있다. 이를테면 사람들은 가치있는 것으로 공인된 춤(예: 발레)을 동경어린 시각으로 바라봄으로써 그 춤의 상징적 의미를 정신에 수용하게 된다. 르장드르(Legendre)가 발레를 두고 "눈을 통하여 영혼에 말을 거는"[24] 춤으로 바라본 것도 같은 의미라고 할 수 있다. 여기서 발레는 발레의 상징이 지시하는 정치적 체제에 사람들이 순응하도록 만드는 정치적 매체의 하나가 된다. 가령 18세기 정립된 발레의 형이상학적 특징들과 프랑스에서 1766년 보병훈련을 규제하는 왕의 칙령들 사이에는 행동거지, 몸의 움직임의 반복과 균형, 터치의 제스처 등에서 매우 유사하다고 분석[25]되기도 한다. 그러니까 발레에 대한 가치승인과 동경은 왕의 정치체계에 대한 승인과 복종으로 이어지는 것이다. 발레의 이와 같은 전범화는 실존적 해방의 몸짓으로 표

22) H. G. Gadamer, *Wahrheit und Methode* (1975), 370쪽.

23) 이상돈, *인권법* (법문사, 2005), 58쪽; *기초법학*, 제2판 (법문사, 2010), 183~184쪽.

24) Pierre Legendre (Peter Goodrich 역), "The Dance of Law", *Law and the Unconscious: A Legendre Reader* (Macmillan Press, 1997), 60쪽.

25) Pierre Legendre, 앞의 논문, 63쪽.

출되는 다양한 춤의 자유가 사라짐을 뜻한다. 오늘날에도 기독교적 근본주의[26]는 술, 담배, 도박과 함께 춤을 비판적으로 공격한다. 물론 춤의 박탈은 비단 기독교 같은 종교에 의해서만 이루어지는 것은 아니다. 가령 형이상학화되고 교조화된 형태의 유교사상과 같이 인간의 욕망을 통제하는 도덕주의와 금욕주의도 자유로운 몸짓, 자유로운 춤추기를 금기시한다. 이는 몸이 가장 민감한 욕망의 장소이라는 이유에서 비롯된다.[27] 오늘날 윤리의 다양한 에이전시들(예: 방송통신심의위원회)도 인간의 육체적 자유를 일정한 이념적 질서구조의 틀 안에서만 허용한다. 발레는 그런 틀의 대표적인 근대적 형식(modern form)이라 할 수 있다.

3) 법에서 엄숙한 몸과 세속적 춤 근대사회는, 좀 극단적으로 말한다면 발레가 아닌 한 자유로운 몸짓을 금지하거나 가치가 없는 것으로 폄하한 사회이다. 그 결과 서구근대사회에서 개인의 몸은 마치 팔을 묶어 놓은 듯한 모습으로 신을 찬양하고 노래를 하는 파리나무십자가 소년합창단(Les Petits Chanteurs A La Croix de Bois)의 어린이들처럼 규제와 훈육을 통해 복종의 미덕을 체화한 몸, 즉 "엄숙한 몸"[28](the solemnized body)이다. 이와 같이 유럽에서 오랜 세월에 걸쳐 일어난 세속적인 춤의 추방은 근대법으로 연장되었다. 근대법을 인프라로 갖고 있는

---

26) 계몽의 정치사상 아래 독일과 영국에서 자유주의 흐름에 대항한 흐름 — 다양한 진영(예: 칼빈주의자, 알미니안파, 침례교도, 장로교도, 세대주의)에서 나온 — 인 초자연주의적 복음운동을 중심으로 삼은 근본주의에 관한 대표적인 연구로 Ernest R. Samdeen, *The Roots of Fundamentalism: British and American Millenarianism 1800-1930* (Chicago, 1970) 등을 참조.

27) 이에 대해서는 박상환, "20세기 초 한국의 춤과 몸에 대한 예술철학적 소고", *인문과학* (제44집, 2009), 230~231쪽 참조.

28) Pierre Legendre, 앞의 논문, 45쪽.

민족국가의 이데올로기적 체제 속에서 발레 이외의 춤은 정치적 권력을 생산하는 중심의 문화가 아니라 단지 '에로틱하고 세속적인 행동'으로 자리를 옮긴다. 이는 에로틱하고 세속적인 춤이 더 이상 법의 기호가 될 수 없음을 의미한다. 근대형법을 집행하는 교도소에서 죄수들이 규율과 훈육을 통해 이루어야 하는 몸도 — 죄수들이 발레리나와 같은 숭고한 몸을 이룰 수 없는 한 — 에로틱하고 세속적인 몸이 아니라 규율과 훈육에 복종하는 엄숙한 몸이다.

2. 미학적 금욕주의와 근대법의 텍스트성

법에서 춤의 추방은 이와 같이 역사적 현실의 차원보다는 기호학적 차원에서 더 중요한 의미를 갖는다.

(1) 법에서 이미지의 제거와 숭고성 생성

근대법의 이성이 발레의 숭고한 아름다움과 동치되는 까닭은 근대법이 정의를 설정하는 신의 권위를 대신하면서도 발레의 아름다움처럼 신의 숭고성(the sublime)을 모방한 점에 있다. 법의 숭고성은 사람들이 법의 규율을 받으면서도 그 법을 알아 볼 수 없게(unknowable) 함으로써 생성된다. 누구나 알 수 있는 것은 결코 숭고해지기가 어렵다. 자신을 알아 볼 수 없게 하기 위해 근대법은 자신의 정의내용을 '이미지'로 재현할 수 없는 것들로써 구성한다.[29] 여기서 근대법이 제거한 '이미지'란 주로 미학적 체

---

29) 근대법이 신적인 숭고성을 모방한다는 분석으로 Costas Douzinas, "Sublime Law: On Legal and Aesthetic Judgements", *Parallax* (Vol. 14, No. 4, 2008), 18~29쪽 참조. 그래서 두지나스는 "이미지의 금지"(Prohibition of images)가 "법의 선험적 조건"(the transcendental condition of the law)이 된다고 본다(앞의 논문, 24쪽 참조).

험에 의해서 생성되는 영상화된 가치(예: 진리/거짓, 옳음/그름 또는 아름다움/추함)를 말한다. 춤은 오페라나 영화 등과 함께 그런 영상적 가치를 창출하는 활동의 대표적인 예이다. 춤은 가치(또는 반가치)를 비쥬얼하게 만들고, 텍스트는 가치를 언어의 논리적 체계적 구조 속에 보이지 않게 담아 둔다.

(2) 텍스트 중심의 근대법

근대법은 비쥬얼한 가치가 아니라 언어에 담기는 가치를 좇은 것이다. 이 점은 근대법의 성립이 18C에서 19C 중반까지 대륙에서는 '법전편찬'(Kodifikation)으로 완성되어간 역사가 말해준다. 근대법의 성립과 발전은 이미지를 통한 미학적 체험이 법의 범주적 세계에서 제거된 역사를 말하는 것이기도 하다. 텍스트가 된 법을 조탁하는 학문으로서 법학은 이후 텍스트의 해석학으로 그의 정통성을 만들어갔다. 실정법과 법학의 근대적 발전은 텍스트(대륙의 법전, 영미의 판례) 중심의 법의 발전이며, 이는 곧 춤(에 의해 생성되는 가치의 법)의 박탈을 의미한다. 법률텍스트를 극도로 정교한 추상적 개념들의 체계적 연관 속에서 해석함으로써 법을 운영하는 독일의 개념법학(Begriffsjurisprudenz)은 법에서 춤을 가장 철저하게 추방하는 '법학적 완성'이라 할 수 있다. 개념법학에서 법은 곧 완벽하게 정제된 개념들의 논리적으로 완결된 체계라는 집이다. 이런 법학에서 허용되는 극미량의 미학적 가치는 '정합성'[30](coherance)과 같은 것에 환원되어 있을 뿐이다. 텍스트 중심의 근대법은 오늘날 비쥬얼한 상호작용이 없이 각종 조서에 텍스트의 형태로 기재된 내용의 논리적 추론

---

30) 이 개념에 대한 자세한 설명은 이상돈, *법이론* (박영사, 1996), 316~341쪽 참조.

과 형량에 의해 결말을 맺는 근대적 (형사)소송의 초라한 현실(이른바 '조서재판'[31])로까지 이어지고 있다고 할 수 있다. 다시 말해 조서재판은 법에서 춤이 추방된 역사의 '법실무적 정점'(頂點)을 이룬다.

(3) 미학적 금욕주의와 현전불가능성

근대법이 그 내용을 텍스트 속에 보이지 않게 담아둔다는 것은 법텍스트의 의미가 결국엔 '존재론적으로'(ontologisch) 구성된다는 것을 뜻한다. 존재론적 구성이란 실제세계의 개별존재들이 보이는 감각적 특징들을 초월하는 이념적 요소들에 의해 법텍스트의 의미를 이해하는 것을 말한다. 이런 특징은 두지나스(Douzinas)의 표현을 빌면 "미학적 금욕주의"(aesthetic abstinence)[32]라고 부를 만하다. 하지만 여기서 미학적 금욕주의가 법텍스트의 논리적 명확성을 의심없이 가져오는 것은 아니라는 점에 주의를 요한다. 근대 이성법은 비록 춤의 이미지적 메시지가 가질 수 없는 명확성을 지향하긴 했지만, 카프카(Franz Kafka)의 '법 앞에서'(vor dem Gesetz)에 대한 데리다(Derrida)의 해석[33]이 보여주듯, 근대법의 텍스트는 법을 존중하고 지키는 (법의 대리인으로서) 문지기일 뿐, 법 그 자체는 여전히 '현전 불가능한' 것으로

31) 이러한 조서재판의 현실과 문제점에 대한 분석으로 이상돈, "현대적 형사사법에서 공판개혁의 방향", *사법* (창간호, 2007.9.), 83~106쪽 참조. 국민참여재판의 실시로 최근에는 형사소송에서 비쥬얼한 소송행위들(예: 프리젠테이션)이 그 중요성을 더해가고 있다. 이는 근대적 형사소송에 내재된 숭고성의 변증적 자기발전이 새로운 전기를 맞고 있음을 말해준다. 이와 관련한 자세한 논의는 아래 [2]. III. 단락 참조.

32) Costas Douzinas, "Sublime Law: On Legal and Aesthetic Judgements", *Parallax* (Vol. 14, No. 4, 2008), 19쪽.

33) 이에 관해서는 Jacques Derrida, "Before the Law", Derek Attridge (편), *Act of Literature* (New York: Routledge, 1992), 181~220쪽 참조.

남아 있다. 이 현전불가능성은 법이 신을 모방하여 숭고성을 띠게 하는 요소이기도 하다. 하지만 현전불가능성을 신적인 숭고성의 차원으로 연결짓지 않는다면, 현전불가능성은 데리다의 용어로 차연(différance),[34] 즉 언제나 여기에 존재하지 않는 채 미래로 '미루어져 있음'을 뜻한다. 미래에 미루어져 있는 그 무엇은 텍스트의 언어논리적 이해를 통해서는 파악되지 않는다. 그러므로 근대법이 추방한 춤을 법에 복원시키는 작업은 언어논리적으로 파악되지 않는 차원의 의미가 (춤을 통해) 생성될 가능성을 바라보는 것이어야 한다. 이는 근대법의 한계에 대한 통찰이기도 하다.

3. 이성의 동일성강제와 춤의 추방

근대법이 춤을 추방하는 것은 이성의 동일성강제가 빚어낸 결과이며, 법이 생성시키는 생체권력이 작용한 결과로 설명할 수 있다.

(1) 법의 보편성과 동일화요구

이성은 인간들이 공존하기 위한 조건들의 효율적 생산과 공정한 분배를 — 이론적으로는 완전하게 그러나 현실적으로는 매우 불완전하게 — 도모하는 법을 구축할 수 있다. 그런 법은 윤리적으로 선(good)하고(공동선의 실현) 실천적으로 올바른(right) 규범일 수 있다. 선함과 올바름의 이성은 언제나 보편화가능성(Universalisierbarkeit)을 지향한다. 즉, 이성법은 원칙적으로 누구에게나 통용될 수 있고, 누구나 지킬 수 있는 규범이 되고자

---

34) Jacques Derrida, "Before the Law", Derek Attridge (편), *Act of Literature* (New York: Routledge, 1992), 202쪽.

한다. 그렇기에 법은 자신이 설정하는 규범들을 모든 수범자들이 '내면화'하고 준수할 것을 요구한다. 그 요구에서 벗어나면 각종 제재를 가함으로써 법은 자신의 존재가 실효적임을 확인시킨다. 이 확인의 지속적인 반복은 강하든 약하든 아도르노(Adorno)가 말하는 '동일성의 강제'(Identitätzwang)[35]를 행사하게 된다. 즉 법의 기준을 통용시킬 수 없고, 법의 기준을 내면화할 수 없는 개인들도 보편성의 요구에 자신을 억지로 맞추어 변화시켜야만 한다.

(2) 법이 생성하는 생체권력

그런 변화에서 가장 핵심적인 것은 모든 개인은 자본주의 체제에 적합한 임금노동을 수행하는 정신을 유지하도록 자신을 체제에 순치시켜야 한다는 것이다.

1) 자본주의적 노동의 정신　　푸코(Foucault)의 관점에서 보면 이런 정신의 강제 속에서 개인은 '신체의 조련과 신체적 적성의 최대한 활용, 유용성과 순응성의 증대, 효과적이고 경제적인 통제체제로의 신체의 통합'을 하게 된다.[36] 푸코는 이처럼 정치경제적으로 동일성이 강제된 정신이 구현된 몸을 생체권력(bio-pouvoir) 또는 '생의 정치적 배치'[37]라고 보았다. 이런 몸은 근대형법학이나 근대정신병학[38] 또는 인구통계학이나 교육학이 생산

35) Theodor Adorno, *Negative Dialektik* (Suhrkamp, 1882), 24쪽.

36) 한상희 · 이경, "법과 일상생활의 문화비평적 재구성: '몸'담론분석을 통한 생활정치의 복원", *법과 사회* (제21권, 2001), 124쪽.

37) Michel Foucault (이규현 역), *성의 역사 1: 앎의 의지(Histoire de la sexualité)* (나남출판, 2004), 6쪽.

38) 푸코의 관점에서 보면 감옥은 정의를 실현하는 장소가 아니라 자본주의체제에 순응하는 노동의 삶을 개인들에게 관철하고, 징역을 통해 국가재정의 상

하는 지식의 담론 속에서 '정상적인 것'[39]으로 평결된 욕망,[40] 윤리적으로 승인된 욕망을 가질 수 있을 뿐이다. 예컨대 매춘은 성병감염과 범죄유발인자로서 — 당시로서는 국가의 힘에 결정적 요소였던 — 인구(수)에 영향을 준다는 인구통계학적, 교육학적 지식의 담론 속에서 반(反)도덕적인 행위로 개념화된다.[41] 이로부터 거대한 성(sexuality)의 담론이, 푸코에 의하면 18세기 이후,[42] 본격적으로 형성된다. 이를테면 일상에서도 모노가미 속의 성만 정상적인 것이며, 동성애나 수간 등은 모두 체제위협적인 것으로 인식된다.

2) 춤의 성담론 통제 춤도 이런 정상적인 성의 담론 속에서 승인되지 않는 한, 권력적으로 배제된다. 이 배제의 논리는 근대법의 역사 속에서 면면히 지속되고 있다. 이 점을 두 가지 예를 비교하여 이해해본다. 일제강점기에 유행했던 춤으로 레뷰춤(Revue Dance)을 들 수 있다. 레뷰춤은 레뷰에서 추는 춤이

당한 규모를 조달하는 노동착취의 수단이 되며, 병원은 질병을 고치는 장소라기보다는 의과학적 지식이 인간의 몸을 지배하는 실행장소가 된다.

39) 푸코가 서양의 초기시민사회에서의 '비정상성'이란 언어의 형성을 지식고고학적으로 분석한 문헌으로 Michel Foucault, *감시와 처벌* (오생근 역, 나남출판사, 2003)을 꼽을 수 있다.

40) 푸코의 권력이론에 대한 법학계의 대표적인 글로 신동룡, *Michel Foucault의 권력-지식론과 그 법이론적 함의에 관한 연구* (연세대학교 석사학위논문, 2000); 최봉철, "포스트모던 법철학: 윤리관과 정의관", *법철학연구* (제4권 제2호, 2001), 107~132쪽; 이상돈 · 이소영, *법문학* (신영사, 2005) 참조.

41) 1860년대에는 유럽의 거의 모든 국가들이 매춘을 사회악이지만 필요악으로 규정하고, 위험한 매춘여성을 통제하는 매춘규제법을 만들었다고 한다 이에 관해 자세히는 왈코비츠, "위험한 성", M. Perrot & G. Duby 편 (권기돈 · 정나원 공역), *여성의 역사* (제4권, 하) (새물결, 1994), 578쪽 참조.

42) Michel Foucault, "The Confession of the Flesh", *Power/Knowledge: Selected Interviews and Other Writings by Michel Foucault, 1972~1977* (Pantheon Books, 1980), 211쪽.

다. 레뷰는 드라마, 희극, 오페라, 발레, 재즈 등 다양한 요소를 취합하고, 음악과 춤을 뒤섞어 화려한 무대를 연출하는 대중예술 형태였다. 오늘날의 음악 버라이어티 쇼, 예컨대 tvN에서 하는 '쇼쇼쇼' 등은 이런 레뷰의 연장선에 있다고 볼 수 있다. 당시 조선총독부는 레뷰에서 추는 여성무용수의 선정성을 비판하고 출입금지 등의 조치를 취하기도 했다.[43] 이로부터 80여 년이나 떨어진 오늘날의 풍경을 보면, 당시와 그리 다르지 않다. 방송통신관련 법제[44]와 기구(예: 방송통신심의위원회)들은 춤이 표현하는 성적 정상성(예: 방송의 공정성, 공공성)과 비정상성(예: 청소년 유해성, 음란성)을 구별하고, 성적 정상성이 없는 춤(예: 현아의 골반춤[45])을 추방한다. 법이 이처럼 춤을 성담론 속에서 생성되는 성적 정상성의 감옥에 가두고 있다는 점은 예나 지금이나 다르지 않다.

(3) 히스테리 담론과 춤의 추방

이처럼 춤의 성적 정상성을 통제하는 법의 기능이 예나 지금이나 다르지 않은 것은 바로 법이 근대적인 생체권력을 연장시키는 것이기 때문이다. 이 생체권력은 의과학의 담론과 깊숙이 연계되어 있다. 이 점을 히스테리의 질병화 담론을 배후로 하여 설명해보기로 한다.

---

43) 1910년대부터 해방후, 길게는 1960년까지의 레뷰춤에 관한 김영희, "일제강점기 '레뷰춤' 연구", *공연과 리뷰* (제65호, 2009), 35~51, 특히 50쪽 참조.

44) 예를 들어 「방송법」, 「방송통신위원회의 설치 및 운영에 관한 법률」, 「정보통신망 이용촉진 및 정보보호 등에 관한 법률」 등을 들 수 있다.

45) 가령 2011년 포미닛의 현아가 버블팝에서 선보인 골반춤은 방송통신심의위원회에 의해 선정성을 지적받았고 소속기획사는 안무를 수정하기보다는 방송활동을 중단시켰다. 그러나 현아의 골반춤이 다른 춤들보다 어떤 점에서 더 선정적인 것인지를 합리적으로 설명하기는 어렵다.

1) 히스테리를 질병화한 샤르코의 퍼포먼스 그리스어에서 자궁을 뜻하는 hustera에서 나온 언어인 히스테리(hysteria)는 '노처녀 히스테리'라는 일상용어에서 보듯 오늘날에는 아무런 설명 없이도 누구나 이해할 수 있는 증상이다. 그러나 이 증상이 확고하게 하나의 보편적인 정신병으로 자리잡은 것은 19세기 말이다. 프랑스 정신병학자 장 마틴 샤르코(Jean Martin Charcot)는 살페트리에르(Salpêtriêre) 병원에서 화요일마다 히스테리 여성들로 하여금 최면상태에서 히스테리 발작의 퍼포먼스를 수행하게 했다. 이 퍼포먼스에서 "히스테리 발작의 몸의 도상과 당시 유행한 춤추는 메나데의 망아적 몸의 도상이 갖는 유사성"[46]을 발견할 수 있었다고 한다.

이 히스테리 발작의 퍼포먼스는 양면성을 갖는다. 즉, 이 퍼포먼스는 한편으로는 근대사회가 여성에게 부과한 역할(예: 임신 출산, 교육)을 정상적으로 수행할 수 없는 인격적 결함을 보여준다. 그러면서 동시에 이 퍼포먼스는 몸을 뒤틀거나 빙빙도는 등의 과장된 동작을 통하여 성적 매력을 발산시키기도 한다. 당시 히스테리를 질병화하고 또 그것을 치유하는 정신병학의 기능은 법적으로는 체제순응적인 여성상을 생산하는 것이 된다. 이 생산과정은 히스테리의 성적 매력을 한편으로는 기뻐하고 즐기면서도, 동시에 위험스럽고 피해야 할 것으로 바라보게 만든다.

2) 히스테리적 발작으로서 춤 히스테리가 여성의 몸에 재현된 근대국가의 이데올로기를 무효화하는[47] 여성들의 잃어버린

46) 윤희경, "로고스에 대한 몸의 반란: 1900년 전후 독일 회화에 나타난 춤", *서양미술사학회논문집* (제28집, 2008), 223쪽.

47) 크리스티나 폰 브라운 (엄양선 · 윤명숙 옮김), *히스테리* (여이연, 2003) 참조.

진정한 자아찾기라고 보는 브라운(Christina von Braun)의 포스트페미니즘적 관점은 물론 중요하다. 하지만 이 관점은 <춤과 법>의 주제에서 살짝 비껴나 있다. 우리에게 중요한 점은 히스테리 여성의 발작적인 몸짓을 하나의 춤으로 바라보는 것이다. 히스테리적 몸짓을 춤이라고 바라보면, 두 가지 측면이 분명해진다.

하나는 근대적 정신병학이 히스테리를 질병화하고 치료하여 제거하려고 한다는 것은 푸코의 이론맥락에서[48] 말한다면, 춤이 그의 본원적 기능, 즉 만인을 속박하는 규범적 헤게모니의 구속들에서 벗어나는 자기배려[49]의 기능을 잃어버리게 됨을 뜻한다. 또 다른 하나는 근대법은 춤(=히스테리적 몸짓)의 섹슈얼리티를 반도덕적인 것으로 낙인찍고 그 음란성을 제거함으로써 정의와 질서를 세우려고 한다는 점이다. 여기서 법이 그토록 합리적 근거없이 음란성이나 선정성의 이름으로 섹슈얼한 춤을 억압해온 기나긴 역사가 이해된다.

(4) 히스테리에 걸린 법정

이러한 근대법의 춤 추방은 동성애나 수간 등을 처벌했던 근대형법의 역사에서, 누드댄싱을 금지한 주법률이 합헌이라는, 즉 누드댄싱이 미국 연방헌법 제1조의 "표현"(의 자유)에 해당하지 않는다는 연방대법원의 판결에서도, 그리고 방송의 가요프로에서 포미닛의 '쩍벌춤'[50]을 추지 못하게 하는 우리나라의 방송통신법

48) 이러한 윤리개념은 근대적인 규율적 주체와는 대척점에 위치하는, 자기성찰적·자기배려적인 윤리적 주체(sujet éthique)를 상정한 푸코의 후기작업들에서 이야기된 바 있다. 이에 대해서는 Michel Foucault(문경자 외 역), *성의 역사, 제2권 쾌락의 활용* (나남, 1995); Michel Foucault(이혜숙 외 역), *성의 역사, 제3권 자기에의 배려* (나남, 1996) 참조.

49) 연효숙, "윤리적 주체와 차이의 존재론", *시대와 철학* (제20권, 2000), 19~20쪽.

적 규제에서도 계속되고 있는 것이다.

[누드댄싱에 대한 법적 규제의 합법성논란] 인디애나주 글렌(Glen) 극장에서는 누드댄싱을 라이브로 공연하였다. 이에 당국은 공공음란규제에 관한 법률에 의해 극장 측에 무용수들이 T팬티(g-string)와 가슴가리개(pasties)를 착용하도록 지시했다. 이에 극장 측은 주법이 연방수정헌법 제1조("표현"조항)를 위반한 것이라는 소를 제기했다. 인디애나주 제1심법원은 헌법 위반을 인정했지만, 항소법원(제7순회법원)은 원심을 파기하였다. 연방대법원은 공공장소에서 모든 누드댄스를 금지한 인디애나 주법이 연방헌법 제1조에 합치한다고 보았다.[51] 이 판결은 누드댄스도 보호되는 표현이긴 하지만 그것이 제1조가 보호하는 한계영역 안(within the outer ambit)에서만 보호됨을 분명히 했다. 이 판결의 이론을 좀더 분석해보면, 제1조가 보호하는 표현을 결정함에 있어 ① 표현이 아닌 경우(not quite speech), ② 사이비 표현(quasi speech), 그리고 ③ 한계적 표현(marginal speech)을 구별해야 한다는 것이다. 여기서 누드댄싱은 ⓐ 손님의 무릎에 앉아 완전한 전라로 추는 경우(랩 댄싱), ⓑ 완전한 전라로 추는 경우, ⓒ 무대에서 T팬티(g-string)와 가슴가리개(pasties)를 하고 추는 경우로 나눌 수 있다. 여기서 ⓐ는 ①에, ⓑ는 ②에, ⓒ는 ③에 해당한다.[52]

50) 쩍벌춤은 2011년 상반기 포미닛이 '거울아 거울아'를 부를 때 췄던 안무의 하나이다. 또한 당시 신인그룹 라니아가 'Dr. feel good'을 부를 때도 채택한 안무였다.

51) Barnes v. Glen Theatre, Inc. 501 U.S. 560 (1991).

52) 우리나라에서는 누드댄싱을 다룬 판례는 없지만 누드연극에 대한 공연음란죄(형법 제245조)의 적용에서 "연극공연행위의 음란성의 판단에 있어서는 당해 공연행위의 성에 관한 노골적이고 상세한 묘사·서술의 정도와 그 수법, 묘사·서술이 행위 전체에서 차지하는 비중, 공연행위에 표현된 사상 등과 묘사·서술과의 관련성, 연극작품의 구성이나 전개 또는 예술성·사상성 등에 의한 성적 자극의 완화의 정도, 이들의 관점으로부터 당해 공연행위를 전체로서 보았을 때 주로 관람객들의 호색적 흥미를 돋구는 것으로 인정되느냐의 여부 등의 여러 점을 검토하는 것이 필요하고, 이들의 사정을 종합하여 그 시대의 건전한 사회통념에 비추어 그것이 공연히 성욕을 흥분 또는

그러나 이런 판결은 누드댄싱이 범죄(예: 성매매, 폭력)의 위험과 성전염병의 확산우려를 갖고 있다는 점에 근거한다. 여기서 누드댄싱과 히스테리의 유비적 관계가 분명해진다. 첫째, 누드댄싱이 유발한다고 보는 범죄의 위험에 대한 우려는 근대국가가 히스테리 여성에게 부여한 인격적 결함에 대한 비난과 같다. 둘째, 누드댄싱이 일으키는 성전염병의 확산에 대한 우려는 히스테리가 질병이라는 인식과 같다. 결국 누드댄싱은 히스테리와 같이 질병이며 범죄인 것이다. 누드댄싱은 히스테리의 발작적 몸짓인 것이다. 누드댄싱에 대한 법의 억압은 춤을 통한 여성성의 자아찾기에 대한 억압이며, 이 억압을 위해 근대법의 전통은 춤을 합법의 영역에서 계속 축출하고 있는 것이다. 이런 춤의 축출을 지속하는 법정은 “히스테리에 걸린 법정”(the hysterical Court)[53]이라고 부를 만하다.

4. 이성법의 한계

춤을 쫓아낸 근대법의 이성은 포스트모던 시대의 복잡한 현실을 규율하는 역량이 충분하지가 않다. 이성의 한계는 어디서 오며, 어떻게 극복할 수 있는 것일까?

자극시키고 또한 보통인의 정상적인 성적 수치심을 해하고, 선량한 성적 도의관념에 반하는 것이라고 할 수 있는가의 여부에 따라 결정되어야 할 것이다”(대판 1996.6.11., 96도980)라고 본다. 춤을 연극저작물의 하나로 바라보는 법의 태도(저작권법 제4조 제1항 3호)를 고려해보면 누드댄싱에 대해서도 같은 기준을 적용할 것으로 보인다. 그러므로 아래의 미국연방대법원에 대한 비평은 우리나라 대법원에도 타당할 수 있다.

53) 이 점을 자세히 분석한 Amy Adler, “Symptomatic Cases: Hysteria in the Supreme Court's Nude Dancing Decisions”, *American Imago* (Vol. 64, No. 3, 2007), 297~316쪽 참조.

(1) 인격의 다형성과 개인관계의 다양성

개인의 정신세계는 보편화가능성이 있는 규범을 내면화하는 이성으로만 이루어져 있지 않다. 프로이트가 말한 충동적 자아(id)의 세계가 그 예이다. 개인의 인격은 다형성(polymorphism)을 띤다. 이를테면 성매매를 범죄로 규정짓는 이성의 인격과는 반대로 성매매를 정상적인 노동으로 받아들이거나 사적으로 성매매를 즐기는 비이성의 인격도 있다. 아이를 지극히 사랑하는 윤리적 인격과 원하지 않는 태아의 생명을 끊어버리는 이기적인 인격이 누구에게나 병존한다. 그렇기에 이성의 강제는 철저할수록 때때로 개인에게 불행(예: 신경증, 범죄적 충동의 강화와 발산)을 가져다 줄 수 있다. 근대의 이성법은 바로 이런 인격의 다형성[54]을 알지 못한다.

또한 개인들의 사회적 관계는 이성법의 잣대로 잴 수 없는 복잡성을 갖는다. 하나의 다형적 인격과 다른 다형적 인격이 만나 이루는 관계는 거의 무한대의 다양성을 갖기 때문이다. 가령 선생과 학생의 관계도 이성법이 설계할 수 있는 관계와는 다른 양상을 보일 수 있다. 예컨대 (체)벌이 법률에 의해 인권의 최대 존중을 목표로 짠 정형화된 징계절차에 의해 부과된다고 하자. 이때 벌주는 선생과 벌받는 학생의 관계는 냉철한 이성적 관계가 될 수 있을지는 모르지만, (비록 비합리적이지만) 서로에게 진정한 관심과 애정을 갖는 인간적인 소통의 관계가 되기는 어렵다.[55] 이성법에 의해서는 가족관계도 그 고유성에 맞게 설계되

54) 민윤영, "다형적 페르소나로서 법", *고려법학* (제61호, 2011), 95~129쪽 참조.

55) 이런 점을 이해하기 위해 권지애, *꿈꾸는 마리오네뜨* (창작과 비평사, 2003), 238쪽 참조; 이 작품에 대한 법문학적 비평으로 이상돈·이소영, "법문학비평의 개념, 방법, 이론, 실천", *안암법학* (통권 제25호, 2007), 391~428쪽 참조.

기 어려운 경우들이 있다. 가령 법(판결)이 생존이 불확실하고, 치료비 조달이 불가능한 환자에 대한 치료를 중단시키는 환자배우자의 행위(DAMA)[56]를 살인범죄로 낙인찍는다고 하자.[57] 이런 법은 장기적으로는 그와 유사한 상황에서 환자배우자들로 하여금 — 그 환자가 경제적으로 감당가능한 질병으로 판정되는 것이 아닐 바에야 차라리 — (대개 5일 안에 사망하는) 뇌사자로 판정되기를 바라는 나쁜 심정을 갖게 만들 수 있다. 이럴 때 이성법은 나쁜 심정의 가족관계를 품는 꼴이 된다.

(2) 인간의 다성성

이처럼 인간들 사이에는 이성법이 설계가능한 합리적 관계와는 다른 모습의 관계가 끊임없이 펼쳐진다. 이처럼 이성법이 외면한 '인격의 다형성'과 이성법이 설계하지 못하는 '인간관계의 다양성'을 아울러서 인간의 다성성이라고 부를 수 있겠다. 이런 다성성을 수용하지 못하는 이성법의 자기성찰과 반성은 근대사회 이후에 법에서 떨어져 나간 춤이라는 기호학적 차원을 복원함으로써 이루어질 수 있다. '로고스 중심주의에 대한 몰아적·탈존적 반란'[58]으로 이해되는 춤은 이성법이 들어가지 못한 인간의 다성성을 발산시키는 가장 효과적인 기제이기 때문이다.

---

56) 이에 관해 자세히는 이상돈, *치료중단과 형사책임* (법문사, 2002) 참조.

57) 대판 2004.6.24., 2002도995.

58) 이런 이해로 윤희경, "로고스에 대한 몸의 반란: 1900년 전후 독일 회화에 나타난 춤", *서양미술사학회논문집* (제28집, 2008), 207~247쪽.

Ⅳ. 포스트모던 사회의 법에서 춤의 복원

> "내게는 어떤 것에도 존재하는 움직임이란 게 있어. 그건 바로 춤이야. 목수, 말 모는 이, 모든 게 춤이야. 그것은 모두 흘러가. 너의 말, 네가 걷는 방식, 모든 게 흐름이야. 공간에 있는 사물은 모두 흘러가는 거야, 그렇지 않니? 너는 걷는 게 아니라 춤추는 거야. 너는 달리는 게 아니라 춤추는 거야. 움직이게 하는 것을 제외하고 어떻게 움직임을 말할 수 있겠니? 모든 것은 매 순간 움직이고 있어. 창밖을 바라봐. 나무를 타고 올라가는 다람쥐, 나뭇가지 사이로 들어가 한 마리 새를 뒤좇아 가는 뱀, 그건 숨 쉬는 그 자체이고, 그건 바로 삶이야."
>
> — John Serl[59] —

1. 법에서 춤의 기호학적 복원

이성법은 자기반성의 기제로 춤을 수용할 수 있다. 법에서 춤의 복원은 법의 세계에서 현상학적인 춤을 활성화한다는 것(예: 법정에서 춤추기, 교도소에서 춤교습)과 기호학적 차원에서 춤의 의미를 수용하는 것을 가리킨다.

(1) 춤과 법의 유비와 해석학적 변화

오늘날의 사회현실은 부족사회처럼 실제의 춤추기로 분쟁이 해결될 수 없는 복잡성을 갖고 있고, 규범과 문화가 탈중심화되어 있고, 경제적 이해관계가 다층적으로 얽혀있다. 그렇기에 법에서 춤의 복원은, 비록 법적 규율에서 현상학적 춤의 활성화를 배

---

59) 예술가 Jon Serl의 세계에 대하여 Susan, *Jon Serl* (Jamison/Thomas Gallery, 1988) 참조.

제하지는 않지만, 주로 기호학적 차원에서 춤의 의미를 실현하는 것일 수밖에 없다.

1) 춤의 의미망을 밝힘　　법에서 춤의 기호학적 복원작업의 첫 단계는 '춤을 통해 창조되는 의미의 망'(webs of meaning created through the dance)[60]을 밝혀내고, 그 의미를 사회적, 문화적, 예술적 관점에서 해석하는 것이다. 춤이 생산하는 의미는 안무가가 정하는 것이 아니라 "역사의 흐름 속에 그것을 감상하는 사람들을 통해서 새로이 탄생하는 것"[61]이다. 춤의 의미해석은 이처럼 춤의 외부자가 그것이 갖는 사회적 효과의 상징들을 읽어내는 외향적 분석(extrinsic analysis)이 된다. 그러나 이 의미해석의 과정에는 각 춤이 갖는 신체감각에 의한 경험적 특징들을 포착하는 일종의 현상학적 분석, 바꿔 말해 춤의 내향적 분석(intrinsic analysis)이 함께 이루어질 수밖에 없다.[62]

> 춤의 내향적 분석은 춤의 저작권 판단에서 필수적인 작업이다. 예컨대 안무가가 발레의 동작과 탱고의 동작을 새롭게 결합하여 어떤 안무를 완성했을 때 그 안무에 대한 저작권 인정여부는 춤의 미학적 내부구조를 분석하여, 어떤 분석적 요소에서 기존의 춤과 어느 정도의 다른 차이를 보이는지를 판단한 후에야 비로소 결정

60) 춤이 창조하는 의미의 망에 대해 자세히는 Cynthia Bull, "Sense, Meaning, and Perception in Three Dance Cultures" in: J.C. Desmond (편), *Meaning in Motion: New Cultural Studies of Dance* (Duke University Press, 1997) 참조.

61) 권옥희, "몸과 춤, 그리고 춤추는 것들 상호 간의 실질관계", *공연과 리뷰* (제65호, 2009), 53쪽.

62) 이처럼 외부적, 내부적 분석의 종합 필요성에 공감하는 Helen Thomas, *The Body, Dance and Cultural Theory* (Palgrave Macmillan, 2003), Ch.4 (The Body in Dance), 94쪽.

할 수 있다.

2) 춤의 의미의 해석학적 이식 법에서 춤의 기호학적 복원 작업의 두 번째 단계는 춤의 이해된 의미(망)를 법의 규범적 의미망으로 전환하는 것이다. 이 작업은 매우 해석학적이다. 즉 어떤 춤의 의미를 이해하는 과정에는 법의 의미에 대한 이해가 일종의 선이해(Vorverständnis)로서 개입하기도 한다. 하지만 법에 대한 이해가 춤의 이해를 모두 지배결정하지는 않기 때문에 춤을 새롭게 해석하는 것은 법의 의미를 새롭게 구축할 수 있게 한다. 이런 춤의 의미해석에 의한 법의 재해석은 춤의 의미구조와 법의 규범적 의미구조를 유비(類比)시키는 과정이기도 하다. 또한 법의 기존의 의미이해가 춤의 새로운 의미해석에 선이해로 개입한다는 점은 새롭게 해석된 춤의 의미가 법의 의미로 변환되는 과정이 가질 수 있는 부작용을 예방하는 것이기도 하다.

춤의 의미구조를 법의 의미구조로 변환하는 과정은 매우 '창조적'이어서 이성법의 논증스타일을 엄격하게 유지할 수 없고, 때로는 '수사학적'이고, 때로는 소설과 같이 은유나 환유를 즐겨 사용하는 '스토리텔링'(stroytelling)일 수밖에 없다. 그러나 이 점은 한계가 아니라 기존의 법의 체질을 근본적으로 변화시키는 창조의 과정이라고 볼 수 있다.[63)]

63) 여기서 수사학적 논증은 합리적 논증이 아니라고 보는 법학자들도 있을 수 있다. 그런 관점은 논증의 합리성을 단지 '보통법의 철학적 기초'(philosophical foundation of common law)를 이루는 하트(Hart)나 드워킨(Dworkin), 라즈(Raz) 등의 협애한 이론적 맥락에서만 바라보는 데서 비롯된다. 논증은 하나의 문화이다. 보통법의 철학이론들도 다른 이론적 입장과 관점에서는 거의 소설처럼 상상력이 풍부한 허구로 보인다. 논증의 합리성은 지금 여기, 우리의 근본문제들을 성찰하는 데에 있어 설득적인 힘을 발휘하는지에 의해 판단되어야 한다.

(2) 법춤학의 인식관심

여기서 춤과 법의 의미구조를 유비시키는 작업은 완전히 가치중립적일 수는 없다. 과학적 객관적 인식이 아니라 하버마스(Habermas)가 말하는 인식관심(Erkenntnisinteresse)[64]에 이끌려진 비판적 이해의 과정이다. 여기서 '비판적'이란 첫째, 법을 언제나 정치적으로 동요되기 쉬운 비결정적인 것, 불확실한 것으로 바라봄으로써 법존재론이 근거짓는 자연법적인 확실성을 갖고 있지 않다[65]고 보는 것이다. 이런 비판 개념의 법철학적 함의는 포스트모더니즘의 사상적 진영에 서지 않더라도 인정할 수 있는 것이다. 둘째, 여기서 '비판적'이란 말은 포스트모더니즘의 맥락에서 사용되는 의미를 가진다. 이를테면 라끌라우(Laclau)의 견해처럼 사회는 차이들의 불안정한 질서로서, 궁극적으로는 봉합될 수 없는 구성체라고 보는 것이다.[66] 그렇기 때문에 우리는 '사회적인 것(the social)'을 말할 수 있을 뿐, 합리적이고 완성된 '그' 사회(the society)를 말할 수는 없다.

이런 이해에서 춤은 비결정적이고 수렴불가능한 차이들 속에서 법을 변혁시키는 기제가 될 수 있다. 예를 들어 촛불시위를 하는 곳에서 벌어지는 춤판은 라끌라우가 말하는 사회적 적대세력(social antagonism)들 사이에 '접합연쇄'(등가성연쇄, chains of equivalence)를 창출하는[67] 의식이 된다.

64) Jürgen Habermas, *Technik und Wissenschaft als Ideologie* (Suhrkamp, 1969) 참조.

65) 이 점에 대한 자세한 논증으로 이상돈, *법이론* (박영사, 1996), 115쪽 아래 293쪽 참조.

66) Ernesto Laclau, “Metaphor and Social Antagonism”, C. Nelson & L. Grosberg 편, *Marxism and the Interpretation of Culture* (University of Illinois Press, 1988), 254쪽.

67) 이 점에서는 춤과 법문학비평이 같은 기능을 수행할 수 있다. 법문학비평의

춤을 같이 추거나 적어도 참여적 관찰을 하는 사람들이라면 단일한 계급에 속하지 않는, 그래서 사회변혁의 이념적 코어를 공유하지 않는 사람들(예: 노점상, 실직근로자, 매춘여성, 동성애자, 환경운동가, 종교인 등)이 그들 사이의 차이를 넘어서 그때그때의 이슈(예: 2008년의 소고기수입개방 관련 촛불시위)에 대해 연대를 맺는 접합을 연쇄적으로 갖게 될 수 있다.

이와 같은 비판적 인식관심은 춤을 현상학적 차원에서가 아니라 사회문화적 의미차원에서 개념화하게 한다. 그래서 이 글은 적어도 법춤학의 기초개념으로서 춤 개념을 차이를 산출하는 몸의 해방, 새로운 꿈꾸기, 낯설음과 다성성 등의 요소로 설정한다.

(3) 춤의 메시지, 포스트모던 법적 정의로서 차이

여기서 춤으로서 법과 그것의 정의는 차이(difference)라는 기반 위에서 구축된다. 차이란 이성법에 수용하지 못한 민속학적 전통이나 하부문화적 관행, 더 나아가 상호이해의 가능성을 머금고 있는 개인의 주관적인 정의관점 등의 다양한 의미망을 가리킨다. 차이는 궁극적으로는 자신의 사회적 실존을 결정하고, 그 실존의 의미를 문화적(사회적, 언어적)으로 구성하는 개인의 능력이 발휘됨으로써 생성된다. 인권도 그런 능력의 발휘를 통해 생산된 의미망에서 결정(結晶)되는 권리이다. 여기서 차이는 포스트모던 사회에서 법의 새로운 (권리)원칙, 즉 인류학적 원칙(anthropological principle of right)[68]이라고 할 수 있다.

이런 기능에 관해서는 이상돈・이소영, "법문학비평의 개념, 방법, 이론, 실천", *안암법학* (통권 제25권, 2007), 391~428쪽 참조.

68) 이런 이해로 Terence Turner, "Human Rights, Human Difference: Anthropology's Contribution to an Emancipatory Cultural Politics", *Journal of Anthropological Research* (Vol. 53, No. 3), 279~285쪽 참조.

1) 모더니즘의 차별과 포스트모더니즘의 차이 포스트모더니즘에서 새로운 법적 정의의 원천으로서 차이는 모더니즘 법의 평등원칙에서 말하는 차별(discrimination)과 구별된다. 평등원칙은 흔히 '같은 것은 같게, 다른 것은 다르게' 취급하라는 요청으로 이해된다. 그러므로 평등원칙은 합리적인 차별의 요청과 불합리한 차별의 금지라는 두 명령을 축으로 작동한다. 차별은 언제나 금지되거나, 언제나 요청되는 것이 아니라 그 합리성에 따라 합법적인 것이 되기도 하고, 불법적인 것이 되기도 한다. 따라서 차별의 합리성여부가 중요해진다. 차별의 합리성은 비교대상들을 같은 것으로 볼지 아니면 다른 것으로 볼지에 관한 논거의 설득력에 따라 결정된다. 이성법의 전통에 서 있는 법학에서 논거의 설득력은 언어적인 명확성, 논리성, 일관성, 체계성 등에 의해 좌우된다고 본다. 이 요소들은 막스 베버(Max Weber)의 형식적 합리성[69]과 같은 연장선상에 있다. 또한 논거의 설득력은 이해관계의 적절한 조정능력과 같은 실제적인 문제해결능력에 의해서도 좌우된다. 이런 요소는 막스 베버의 실질적 합리성과 같은 연장선상에 있다. 그러나 모던 법학의 전통에서 합리적 차별로 판단되는 경우에도 춤으로서 법의 '차이성'을 무시하는 경우일 수도 있고, 거꾸로 비합리적 차별(평등원칙 위반)로 판단되는 경우가 오히려 차이성을 존중하는 경우일 수도 있다.

2) 차별과 차이의 네 가지 교차 유형 여기서 도표 3처럼 네 가지 경우의 수가 발생한다. 각 유형마다 해당되는 사례를 예시

69) 막스 베버의 합리성 개념에 관해 자세히는 이상돈 · 홍성수, *법사회학* (박영사, 2002), 52쪽 아래 참조.

하면 다음과 같다.

차이 / 차별	차이 존중(○)	차이 무시(×)
합리적 차별(○)	① (○○)	④ (○×)
불합리한 차별(×)	③ (×○)	② (××)

도표 3: 차이와 차별의 교차유형

첫째(유형 ①), 상장기업의 대주주 등에게만 그 주식거래의 양도차익에 대해 양도세를 부과하는 것은 투자정보의 현실적인 차이 등을 고려할 때 합리적 차별(헌재결 2006.7.27., 2006헌바18 · 54[병합])이면서 대주주와 소액주주의 거래행위가 갖는 사회경제적 의미의 차이(가령 대주주의 거래는 변칙증여의 목적수행)를 적절하게 고려한 것이기도 하다.

둘째(유형 ②), 공립학교에서 이슬람 여학생의 차도르 착용을 금지한 프랑스 법은 교사와 달리 학생은 다양한 종교적 표현을 해도 특정종교의 상징이 학급을 지배하는 것이 아니므로 국가의 종교적 중립성 유지라는 관점에서 필요하지 않는 불합리한 차별이면서, 이슬람 여학생의 문화적 '차이'를 무시하는 것이 된다.

셋째(유형 ③), 양성애자에겐 혼인권을 주고, 동성애자에겐 혼인권을 주지 않는 것은 양성애와 모노가미 가족제도의 전통에서 보면 합리적 차별이 된다. 물론 오늘날 동성애에 대한 인권승인의 정도를 고려할 때 혼인권의 배제는 불합리한 차별이 된다고 보는 견해도 등장해 있다. 그러나 동성애자에게 혼인권을 부여하는 입법을 한다면 양성애자가 기존의 결혼제도를 통해 그들의 인생관과 종교관 등을 형성했던 그들의 고유한 문화적 색깔이 동성애자의 것과 다른 점, 즉 차이가 무시된다. 따라서 동성애자에게 혼인권을 부인하는 것은 설령 불합리한 차별일 수 있지만,

그 불합리한 차별은 양성애자와 동성애자의 차이를 존중하는 것이 된다.

넷째(유형 ④), 고가 부동산과 저가 부동산을 차별하여 전자에게만 — 국가재원조달과 부동산투기억제 및 가격안정의 목적을 지닌 — 종합부동산세를 부과하는 것은 합리적 차별일 수는 있다.[70] 그러나 1가구 1주택의 주거목적 소유와 투기성 다주택 보유의 차이를 고려하지 못한 것이 된다. 예컨대 근로소득을 모아 아파트 한 채를 구입한 후 시가상승으로 재산이 불어난 사람이 기뻐서 추는 춤의 의미는 투기목적으로 아파트 십여 채를 구입함으로써 재산이 불어난 사람이 기뻐서 추는 춤의 의미는 다르다. 앞의 춤이 근로정신과 윤리적 성취의 승인이라면 뒤의 춤은 부당한 자산소득의 증가와 남보다 훨씬 잘 사는 우월성의 향유라고 할 수 있다. 이런 개인의 삶에서 실존적 차이를 존중할 때 법의 평등이념은 진화할 수 있다.

3) **포스트모더니즘의 관점에서 성찰하는 모더니즘의 법** 이 네 가지 유형은 오늘날 사회에서 모더니즘의 법과 포스트모더니즘의 법이 서로 교차하는 모습을 개관하게 해준다. 이 가운데 두 경우, 즉 차별이 합리적이며, 차이를 존중하는 경우(유형 ①)는 합법성(Legalität)을 인정할 수 있고, 정반대로 차별이 불합리하고(합리적 근거가 없고), 차이도 무시하는 경우(유형 ②)는 합법성을 인정할 수 없다. 이에 비해 차별이 불합리하지만 차이를 존중하는 경우(유형 ③)나 차별이 합리적이지만 차이를 무시하는 경우(유형 ④)는 합법과 불법 그 사이에 위치한다.

70) 헌재결 2008.11.13., 2006헌바112.

여기서 '차이가 평등을 배제하지 않고, 평등이 차이를 제거하는 것이 아니라는 점'(평등과 차이의 상호의존성)[71]을 인식할 필요가 있다. 먼저 포스트모던적 사고를 통해 자신의 한계를 성찰하는 모더니즘의 법이라면 전자의 경우(유형 ③)가 차이를 존중하면서도 합리적 차별(불평등)이 되지 않는 방안을 모색해야 한다. 가령 양성애자와의 차이를 존중하여 동성애자에게 혼인권은 인정하지 않지만, 다른 한편 사회보장권과 입양권 등을 양성혼의 경우와 같이 보장하는 시민결합체의 법적 지위를 인정하는 것이다. 이로써 차이가 평등을 배제하지 않게 한다. 또한 이로써 차이의 딜레마(Dilemma of Difference),[72] 즉 차이를 강조해도, 거꾸로 차이를 무시해도 모두 다시 차이를 만들어낸다는 딜레마도 해소된다. 이 딜레마는 차이의 고려가 심각한 불평등을 초래하는 것을 염두에 둔 것이기 때문이다. 다시 말해 차이는 존중하되, (지나치게) 강조되어서는 안되는 것이다.

또한 성찰적 모더니즘의 법이라면 후자의 경우(유형 ④)를 평등원칙에 합치된다고 판단할 것이 아니라 차이를 존중함으로써 평등의 실질을 확장해야 한다. 예컨대 종합부동산세를 유지하여 고가주택보유자와 저가주택보유자나 무주택자 사이에 조세부담의 합리적 차별을 꾀하더라도, 1가구 1주택 주거목적의 주택보유에 대한 종합부동산세를 폐지하고 비례적인 재산세를 부과함으로써 고가주택보유자들 사이에 존재하는 차이를 존중하는 것이다.

---

71) 이에 관해 Joan W. Scott, "Deconstructing Equity-versus-Difference: Or the Uses of Poststructuralist Theory for Feminism", *Feminist Studies* (Vol. 14, No. 1, 1988), 38쪽.

72) 이를 주장하는 Martha Minow, "Learning to Live with the Dilemma of Difference: Bilingual and Special Education", *Law and Contemporary Problems* (Vol. 48, 1984), 157~211쪽 참조.

여기서 유형 ③에서는 평등원칙의 내포가 내밀화되는 재해석이 이루어지고, 유형 ④에서는 평등원칙의 외연이 확장되는 재해석이 이루어지는 것임을 알 수 있다.

2. 춤의 다성성과 무보로서 법

(1) 몸의 해방과 새로운 춤을 꿈꾸는 법

무엇보다도 춤은 국가와 (이성의) 법 그리고 (합리적) 재판에서 가장 형식화되는 몸, 권력적 지배에 종속되는 몸의 상태를 가장 극적으로 거부하는 해방의 아름다움을 출현시킨다. 실제로 춤을 추는 사람은 자신의 일상에서 벗어나 상상의 시공간 속으로 들어가는 무아경(ecstatic)[73]의 체험을 하기도 한다. 이 개인적 체험은 사회문화적으로는 춤이 이성에 갇힌 몸을 '해방'시킴으로써 그 자체로서 이성법이 포착하지 못하는 인간의 다성성(多聲性, poliphonicity)을 기호화하는 것으로 이해될 수 있다. 춤은 심지어 춤의 유용성으로부터도 해방된다.[74]

[해방의 기호로서 춤] 가령 은희경의 소설 <마지막 춤을 나와 함께>(문학동네, 1998)에서 춤은 30대 중반 여교수인 강진희가 (나의 해석으로는 정신의, 영혼의 그리고 육체의 파트너를 기호화하는) 3명의 남자와 동시에 사랑을 나눔으로써 남성주의적 모노가미 이데올로기로부터의 해방을 기호화하거나, 기존 풍속으로부터 이탈이 가져오는 고통들(남편의 폭력과 이혼, 교수 재임용탈락 등)을 차단하는 또 다른 자아의 형성을 통하여 그 고통으로부터 해방

73) 이런 이해로 Suzanne K. Langer, *Feeling and Form: A Theory of Art Developed from Philosophy in a New Key* (Routledge & Kegan Paul, 1959), 190쪽 아래 참조.

74) 권옥희, "춤의 미, 혹은 춤의 무용성(無用性)", *공연과 리뷰* (제69호, 2010), 197~200쪽.

되는 '유체이탈'[75]을 기호화한다.

1) 동일성을 해체하는 다성성 또한 춤동작의 수많은 섬세한 차이들은 이성의 동일성강제를 상징적으로 깨뜨리고, 국가와 법의 권위에 대한 신체의 순응과 복종이 가지는 야만성을 해체한다. 이런 해체가 있을 때 비로소 사랑과 생명이 법에도 스며들 수 있게 된다. 이런 점에서 춤은 공동체를 형성하는 다양한 목소리들의 합창이 된다.[76] 그렇기에 포스트모던 사회에서 법은 그런 춤의 다성성을 자신의 텍스트 속에 끌어들이는 기호학적 작업을 할 필요가 있다. 이 작업은 법은 춤이며, 법전은 춤의 텍스트인 코리오그래피(choreography), 즉 무보(舞譜)라고 바라보는 데서 출발한다. 춤이 이성이 가둘 수 없는 인간의 다성성을 발산하는 것이라면, 춤보로서 법은 환유적으로 말하면 '셀 수 없이 새로운 춤의 꿈꾸기'(dreaming of the innumerable choreography)가 된다. 춤은 새롭거나 적어도 새로울 가능성이 있을 때 아름답다. 새로운 춤을 꿈꾸는 것은 기존의 법적 정의가 행하는 동일성강제의 권력을 해체함으로써 아직 알지 못하는 미래의 법적 정의를 꿈꾸는 것과 같다.

---

75) 이런 소설의 이해로 이경, "혼자 추는 춤의 병리학. 은희경 소설론", *여성학연구* (제8권 제1호, 1998), 43~54쪽.

76) 이런 권력은 물론 급진주의 페미니스트들이 여성을 합리적 여성으로 단일화함으로써 발생하는 권력도 당연히 포함한다. 그래서 다른 성차에 대한 새로운 춤(choreography)은 여성주의에 새로운 지평을 열어 줄 것이다. 이런 관점으로 John D. Caputo, "Dreaming of the Innumerable: Derrida, Drucilla Cornell, and the Dance of Gender", *Derrida and Feminism: Recasting the Question of Woman* (New York: Routledge, 1997), 142~146쪽.

2) 동일성을 강화하는 혼성성

여기서 말하는 춤의 다성성은 세계화 시대에 상업적으로 성공하기 위한 춤의 혼성성과 세심하게 구별되어야 한다.

㈎ 아일랜드 스텝댄스의 발전

혼성성의 가장 대표적인 예로 아일랜드 스텝댄스의 세계화된 형태인 리버댄스(Riverdance)를 들 수 있다. 원래 아일랜드 시골지역에서 축제날이나 결혼식, 추수감사절에 췄던 아이리쉬 전통의 스텝댄스는 그 지방 사람들끼리 서로 돕는 '연대의 문화'를 창출하는 심미적 장치였다. 이 스텝댄스는 19세기 말부터 20세기 중반까지 아일랜드의 독립운동 과정에서 국가의 정체성을 확고히 하는 이데올로기적 장치로서 발전한다. 이 과정에서 스텝댄스는 표준화되고, 등록된 교사를 통해 교육되었으며, 경연 중심의 춤이 되었다. 또한 전통 스텝댄스의 미학적 요소인 "발놀림의 깔끔함과 몸무게의 경쾌함"[77]보다는 "정교한 시간성, 곧추 세운 자세, 스텝의 정밀한 실행"[78]과 같은 요소가 중시되었다. 1972년 유럽경제공동체(EEC) 회원국이 된 아일랜드는 도시화, 산업화 그리고 세계화되어갔고, 스텝댄스도 세계화된 양식을 갖게 되었다. 그 대표적인 것이 1994년 유로비전 송 콘테스트(The Eurovision Song Contest)의 휴식시간에 공연된 리버댄스(Riverdance)라는 스텝댄스이다. 이 리버댄스는 민족국가적 정체성을 넘어서는 특징들, 이를테면 플라멩코나 러시아 민속발레 등의 다른 문화의 춤을 포함시켰으며, 불가리아의 리듬과 락음악의 요소도 수용한 음악을 사용하였다. 이를 두고

77) Catherine Foley, "Perceptions of Irish Step Dance: Nation, Global, and Loca", *Dance Research Journal* (Vol. 33, No. 1, 2001), 41쪽.

78) Foley, 위 논문, 37쪽.

"혼성성"(hybridity)[79]이라고 할 수 있다.

(나) **혼성성의 의미와 법** 혼성성은 그것이 다양한 춤의 새로움을 하나 더한다는 측면에서는 춤의 다성성을 확장할 수도 있다. 예컨대 인도에서 1990년대 중반 설립된 여성법원(nari adalats)은 인도여성의 불행한 삶(예: 폭행, 이혼)과 같은 지역적 고통을 보편적 (초국가적) 인권에 대한 침해로 묘사하고, 동시에 초국가적 인권의 관념을 인도지역의 관습이나 관행의 지식으로 번역하는 '혼융화'(hybridization)의 방식으로[80] 인도여성의 인권신장을 도모하였다.

그러나 적어도 아일랜드 스텝댄스에서 읽을 수 있는 혼성성은 서로 다른 지역적 문화의 소통을 가능케 하는 접점을 발견하는 기능보다는 그 차이를 지우는 기능이 더 강하다. 왜냐하면 세계시장에서의 상업적 성공은 단일화된 거대한 관중을 필요로 하고, 이는 국경을 넘어 전 세계인에 의해 소비될 수 있는 춤의 교조적인 양식을 취하게 만들기 때문이다. 실제로 리버댄스를 보면 혼성성을 구성한 다양한 지역문화의 다른 빛깔을 보게 되기보다는 군무적인 스타일의 전체주의적 요소, 그러니까 차별성을 허용하지 않고 단일한 미학적 체험으로 빨려들어가는 체험과 그 체험의 끝에서 여자무용수들의 섹슈얼한 매력을 바라보게 된다. 이런 리버댄스는 전통 스텝댄스의 미학적 차원 밖이 아니라 전통 스텝댄스의 미학적 차원을 지워버리면서 그 자리에 새로운 미학

79) Foley, 위 논문, 39쪽.

80) 이런 분석으로 Sally Engle Merry, "Transnational Human Rights and Local Activism: Mapping the Middle", *American Anthropologist* (Vol. 108, No. 1, 2006), 42, 46~47쪽 참조.

적 차원을 세우고 있다.

이러한 혼성성은 초국가적 상법(lex mercatoria)의 기호라고 볼 수 있다. 초국가적 상법은 세계은행(WB)이나 국제통화기금(IMF)의 전문가들이 금융지원의 조건으로 개별국가의 경제관련법 개정에 관여함으로써 형성하는 "국가가 전제되지 않은 세계법"[81](Global law without a state)으로서 국제적인 중재재판소의 분쟁해결사례가 축적되어 형성되는 기준들을 가리킨다. 이런 법들은 국경을 넘어선 법을 발전시키면서 동시에 국가 단위의 지역적인 법을 해체시킨다. 이런 초국가적 상법은 "법다원주의의 진화"[82]를 밟지 않는다. 초국가적 상법은 주로 신자유주의의 패러다임에서 정형이 이루어지고, 미국이나 영국의 초대형 로펌들이나 회계기업의 세계적인 네트워크 속에서 갇혀 있다. 결국 초국가적 상법은 얼핏 여러 국가의 규범들이 혼성된 것처럼 보이지만, 실제로는 서구 강대국의 정치경제적 이해관계에 맞게 국제규범을 단일화한다.[83]

(2) 에르곤과 파레르곤

춤의 다성성은 혼성성과 달리 동일성을 해체하는 기능을 수행하는 것이어야 한다. 동일성을 끝없이 해체함으로써 끝없이 새

---

81) 이 개념에 대해 자세히는 Gunther Teubner, *Global Law without a State* (1997) 참조.

82) 이를 '법다원주의의 진화'로 바라보는 Gunther Teubner, "Globale Bukowina Zur Emergenz eines transnationalen Rechtspluralismus", *Rechtshistorisches Journal* (제15권, 1996), 225쪽 이하.

83) 아래의 (2), (3)단락의 설명은 대부분 이상돈, *법미학* (법문사, 2008), 66~69쪽과 이상돈 · 민윤영, *법정신분석학입문* (법문사, 2010), [3]단락(춤추는 자아와 소통적 법)을 종합하고, 재배치하고, 또한 다소 수정 · 보완하여 작성된 것이다.

로운 춤을 추는 것이다. 이 점을 데리다의 에르곤과 파레르곤의 개념으로 설명해보자. 데리다[84]는 기존의 정상적이며 합법적인 것들을 에르곤(ergon)이라고 하고, 비정상적이고 불법적 또는 탈법적인 것들은 파레르곤(parergon)이라고 정의한다.

> 데리다는 Cranach's Lucretia를 예로 들어 설명한다. 이 그림에서 그녀의 몸을 향해 피부에 대고 있는 단검(dagger)이나 그녀의 목걸이는 겉보기엔 '고유한 영역(예: 몸이나 목 그 자체)의 밖에서 덤으로 오는 어떤 것'(부수적인 것)이지만 실은 그 영역 안의 결핍과 그 영역의 고유하고 중심적인 것들(즉 ergon)을 압박하고, 그것들과 마찰하며 또한 그것과 이웃하여 놀이를 하는 것(즉 parergon)이다. 파레르곤은 에르곤의 결핍을 메우는 보충물이 아니라 에르곤을 '구성'하는 것이다.

그러면 미래에는 현재의 파레르곤이 정의가 될 가능성이 있으며, 바로 그렇기에 현재의 에르곤은 파레르곤 없다면 죽은 정의, 곧 괴물(monster)이 된다. 그런 의미에서 미래의 사안에 향해져 있는 법적 정의는 곧 파레르곤이라고 할 수 있다. 이렇게 볼 때, 셀 수 없는, 새로운 춤을 꿈꾸는 것은 파레르곤적인 것, 즉 아름다움에서 부수적인 장식과 같은 것(법에 환언하면, 불법적 또는 탈법적인 것)이 중심적인 부분(합법적인 것)이 될 가능성을 바라보는 것이다. 이 꿈꾸기, 이 바라보기에서 차이는 적대의 원천이 아니라 새로운 정의, 현재의 법적 정의가 더 정의로워질 가능성이기도 하다.

---

84) 이상의 설명은 Jacques Derrida (Geoff Bennington and Ian McLeod 역), *The Truth in Painting* (The University of Chicago Press, 1987), 57~59쪽.

예컨대 현행법에서 이성애가 에르곤이라면, 동성애는 파레르곤이다. 그러나 양자는 정의와 부정의, 합법과 불법의 다른 영역에 배열되는 것이 아니다. 동성애는 이성애가 정의로서 갖는 한계를 넘어서는 새로운 춤을 추는 것일 수 있다.

(3) 성차의 다성성과 새로운 춤을 꿈꾸는 법

또한 춤추기로서 법은 셀 수 없는 새로운 춤을 꿈꾸기 위해, 데리다의 표현으로 "다성적(多性的, polysexual) 기호로 쓰인 코리오그래피(춤의 악보)"[85]를 필요로 한다. 다성적인 춤의 악보는 가령 여성성을 자유주의 페미니즘처럼 남성성과 동등한 위치에 놓거나, 급진주의 페미니즘처럼 남성성과 반대되는 위치이면서 더 높은 위치에 놓지 않는다. 그것은 여성성과 남성성의 대립이나 양성성과 단성성의, 또는 동성애와 이성애의 대립을 넘어서 성적 다양성 — 여성성, 남성성, 양성성, 단성성, 동성애, 이성애 등 — 이 인간적 차원에서 자유롭게 교환·분배되는 법을 기획한다. 바꿔 말해 "성차 내의 여성성이 아니라 성차의 새로운 춤의 가능성"[86]이 법이 되어야 하는 것이다. 이를 좀 더 일반화하여 말한다면, 춤은 끊임없는 '위치바꾸기'[87]가 되며, 법은 주체의 위치를 끊임없이 바꾸게 하는 매체가 되어야 한다. 여기서 여성

---

85) Choreographies에 관한 Jacques Derrida와 Christie V. McDonald의 대담을 정리한 Nancy J. Holland 편, *Feminist Interpretations of Jacques Derrida* (The Pennsylvania State University, 1997), 39쪽.

86) 데리다에 대한 이해를 이렇게 표현한 Drucilla Cornell, *Beyond Accommodation: Ethical Feminism, Deconstruction, and the Law* (New York: Routledge, 1991), 118쪽.

87) 위치바꾸기로서 춤은 Jacques Derrida and Christie V. McDonald, "Choreographies: Interview", in Nancy J. Holland(ed.), *Feminist Interpretations of Jaques Derrida* (The Pennsylvania State University, 1997), 27~28쪽 참조.

성(femininity)은 여성에게만 내재하는 덕목인 것이 아니라[88] 남성에게도 내재하는 '심리적 코드'임에 주의할 필요가 있다. 그렇기에 데리다(Derrida)는 여성의 본질적 자리(essential place)를 찾는 노력에 대해서, '여성의 단일한 자리는 없다(there is no one place for woman)'고 대답하는 것이다.[89] 가령 남성에 가까이 다가가 유혹하는 여성은 남성이 유혹을 느끼는 순간 언제나 (남성은 물론 남성이 부여해 준 여성성과도) 거리를 둠[90]으로써 '결정불가능성'의 춤을 춘다고 할 수 있다. 물론 남성에게도 본질적인 자리는 없다. 남성과 여성 모두 계속 위치를 바꾸는 춤을 춤으로써 자신 안의 남성성과 여성성을 다채롭게 발현할 뿐이다.

3. 춤의 기능과 법의 변화

기호학적 차원에서 법이 된 춤은 다양한 기능을 발휘한다. 춤은 개인의 정신적 건강을 회복시켜주고, 법의 인간상을 변화시키며, 후견적 국가의 역할을 수행한다.

---

88) 여성성과 여성주의가 구별되는 것임을 강조하는 같은 지적으로 Ellie Ragland-Sullivan, "Jacques Lacan: Feminism and the Problem of Gender Identity", *SubStance* (Vol. 11, No. 3, Issue 36, 1982), 16쪽 참조.

89) 데리다는 '여성의 자리는 없다'라는 자신의 말이 여성주의적인 것도, 그렇다고 반여성주의적인 것도 아니며, 단지 긍정적인 자리바꿈의 춤에 관한 것이라고 설명한다. Jacques Derrida and Christie V. McDonald, "Choreographies: Interview", in Nancy J. Holland(ed.), *Feminist Interpretations of Jaques Derrida* (The Pennsylvania State University, 1997), 26~27쪽 참조.

90) 이를 데리다는 '멀리 떨어진 근접성'(remote proximity)이라고 부르는데 이에 관해 자세히는 Iva Popvicova, "Woman, Sexual Difference and the Dance of Undecidability in Nietsche's Thus Spoke Zarathustra", *Dialectical Anthropology* (Vol. 25, 2000), 289쪽.

(1) 균형의 회복

프로이트의 개념을 빌면 초자아(superego, Über-Ich)와 이드(id, Es) 사이에, 그리고 에로스(eros, 사랑충동)와 타나토스(thanatos, 죽음충동) 사이에[91] 불균형적인 편향과 그 편향으로 인한 내적 억압 그리고 그것들이 삶에 가져다 주는 고통들을 해체하고, 그 둘 사이의 균형을 회복하려는 자아의 몸짓이 바로 춤이다.

1) 낯설은 몸짓 　　춤이란 원래 규범적이거나 자연스러운 신체적 동작에서 벗어나서 부자연스럽거나 낯설은 동작을 하는 것이다.[92] 예컨대 정상적인 걸음에서 발내디딤의 시간적 간격을 불규칙하게 하거나 통상의 간격과 다른 간격으로 한다든지, 팔의 올림을 보행의 속도나 방향과 어긋나게만 하여도 춤이 된다. 그러니까 춤은 몸의 길들임에 대한 저항이며, 춤의 힘은 그런 저항의 가능성에서 나온다.[93] 길들여진 몸동작에 저항함으로써 발생하는 부자연스러움이나 낯설음은 초자아의 억압이 주는 짐을 덜어내고, 그로부터 해방될 수 있는 가능성을 기호화한다.

---

91) 법을 에로스와 타나토스 사이에 위치시키는 민윤영, "에로스와 타나토스 사이의 법", *중앙대 법학논문집* (제34집, 제1호, 2010), 185~208쪽 참조.

92) 하지만 무용학계에서는 이런 일상이탈성이 춤의 개념필연적 요소라고 보는 것은 아닌 듯하다. 가령 행진(procession)도 춤의 모습으로 본다(박영애, "성경에 나타난 춤의 의미 및 특성에 관한 연구", *한국무용기록학회* [제18권, 2010], 23~39쪽). 하지만 이런 분석은 기독교적 계율 속에서 허용된 춤의 형태일 가능성이 높다. 유럽 교회의 전통에서 신을 숭배하고 미화하기 위해 행진을 벌이고, 이 행진에는 두 사람씩 행진하는 Mist illos binos 기독교원칙이 존재했던 점도 이를 말해준다.

93) Lior Barshack, "The body politic in dance", in P. Goodrich, L. Barshack, and A. Schutz(eds.), *Law, Text, Terror: Essays for Pierre Legendre* (Routledge, 2006), 60쪽 참조.

> 여기서 낯설음은 일상성으로부터 이탈을 의미하고 있다. 하지만 낯설음은 새로움을 뜻할 수도 있다. 춤의 새로움은 특정한 춤이 저작권 보호를 받기 위한 조건이 된다. 저작권은 고유성, 즉 창작성이 있는 작품에 대해서만 인정되기 때문이다. 그러나 무용학계에서도 춤의 새로움을 판단하는 보편적 잣대는 없다. 그렇기에 심지어 "무용에서 새로운 것의 출현 가능성은 곧 새로운 것의 설명 가능성을 뜻한다"[94]고까지 말한다.

그러나 모든 동작을 춤으로 개념화하면 개념의 고유한 내포가 사라지거나 희석됨으로써 법을 춤으로 파악하는 이론의 유용성이 거의 사라지고 만다. 그렇기에 춤을 단순한 움직임(movement)과 동일한 개념으로 설정하는 것은 적절하지 않다.

2) 초자아와 이드의 균형 지향성 춤으로서 법은 무엇보다 '초자아의 극단적 추구'를 경계한다. 왜냐하면 초자아의 과잉은 이드의 폭발적 발현으로 이어지기 때문이다. 어떤 법이 어떤 이념(초자아)을 좇는 것이 지나치게 강해지면 그 이념에 의해 억압되는 무의식의 충동이 그 이념의 현실화를 제거해버리는 부정의 변증(negative Dialektik)이 일어나게 된다. 이로써 법은 언제나 초자아의 도덕적 이념과 바로 그 이념의 현실화를 부정하는 이드의 충동적 발현 사이의 긴장 속에 놓이게 된다. 춤으로서 법은 그런 긴장을 어느 한쪽으로 편향시켜 제거하는 것이 아니라 가능한 화해적으로 양립시키는 임무를 수행해야 한다.

이 임무의 수행을 위해 비례성원칙과 같은 가장 대표적인 이성법원칙도 재해석되어야 한다. 춤의 법학은 비례성원칙의 과잉

94) 조기숙, "무용창작에서 '새로움'에 대한 철학적 고찰. 미셸 포킨의 발레개혁을 중심으로", *한국무용기록학회* (제19권, 2010), 61쪽.

금지를 판단할 때 (법이 추구하는) 목적과 (목적추구를 위해 제한되는 이익으로서) 수단의 가치형량을 함에 있어, 수단의 항목을 도덕적으로 승인되는 가치(이익)에 국한시키지 않고, 도덕적으로 승인되지 않지만 개인이 수용하고 있는 가치들도 고려하게 한다.

(2) 법의 인간상으로서 춤추는 자아

이와 같이 새로운 춤추기로서 법이 전제하는 인간상은 이성법의 그것과 같지 않다. 춤으로서 법은 더 이상 '사유를 통해 존재하는 주체'(cogito)와 같은 근대적 자아처럼 무의식의 심연에서 펼쳐지는 초자아와 이드의 동맹적 공격으로부터 관념적으로 단절된 고립된 자아가 아니다. 춤의 법이 전제하는 인간상은 초자아와 이드와 마주하고, 그것들 사이를 소통시킴으로써 자아의 건강함을 유지하고 관리할 줄 아는 '소통적 자아'이다. 그런 자아를 '춤추는 자아'라고 부를 수 있다. 춤추는 자아는 경험적인 현상이다. 춤이 자아의 정체성을 형성해줄 수 있다는 점은 세계적인 한국의 비보이 홍텐의 다음과 같은 말에서 확인할 수 있다.

> "제 나이 때는 정체성에 대해 많이 생각하잖아요. '나는 누구인가' 뭐 그런 거요. 한창 그런 생각을 할 때 저는 춤을 추고 있었어요. 제 자신을 표현하라면 말로는 못하겠어요. 하지만 춤으로는 할 수 있어요. 정체성 자체를 춤으로 생각하게 되요. 비보잉으로."[95]

그러므로 이제 법에서 인간성은 사유적 자아로부터 '춤추는 자아'로 옮아가게 된다. 법에서 춤추는 자아상은 법해석도 초자아

95) 홍텐의 레이디경향 인터뷰(2007.5.21.)(http://zine.media.daum.net/ladykh/view.html?cateid=3000&newsid=2007 0521120813613&p=ladykh) 참조.

에 의해 억압된 충동들이 쌓여있는 무의식과 대화하는 방향으로 선회하게 한다.

> 가령 남성은 남성다워야 하고(남성성), 여성은 여성다워야(여성성) 한다는 초자아적 관념은 남성 속에 내재된 여성성과 여성 속에 내재된 남성성을 억압한다. 예컨대 남자에서 여자로 성전환수술을 한 사람을 남성으로 개념화하는 관념[96]은 남성 속에 내재된 여성성을 억압하는 것이기도 하다. 남성 속의 여성성을 바라보고, 그것과 대화하는 법해석은 그 사람을 꼭 남성이나 여성, 어느 한쪽으로 규정하는 것을 지양한다. 가령 뒷자리 주민번호가 여전히 2가 아닌 1로 시작하면서도 그는 성범죄에선 여자로 취급될 수 있고, 동시에 그가 참여하는 운동경기에서는 남자로 취급될 수도 있다.

(3) 춤과 법의 후견기능

끝으로 다성성을 발산하는 춤은 불완전하게 태어나는 인간에게 삶을 가능케 하는 소통의 양식이 됨으로써 그 불완전성을 보완해준다. 인간의 불완전성은 이를테면 Freud가 바라보듯 '갓난아이의 미성숙(prematurity)'에서 비롯되는 복종의 문화에 남는 불만("문명 속의 불만"[97])[98]이라든지, Klein[99]이 말하는 '좋은

---

96) 대판 1996.6.11., 96도791.

97) G. Freud (김석희 옮김), *문명 속의 불만* (열린책들, 2003) 참조.

98) 이런 절대적 권위에 대한 복종이 초자아의 발달과정에서 형성되며, 이는 프로이트의 '문명 속의 불만'의 작품에서 두드러진다고 해석하는 Abraham Drassinower, *Freud's Theory of Culture: Eros, Loss, and Politics*, (Rowman & Littlefield Publishers, 2003), 6쪽.

99) Freud의 이론에 강한 영향을 받은 Melanie Klein의 대상관계이론(Object Relations Theory)에 관해서 Melanie Klein and Hans A. Thorner(편), Das Seelenleben des Kleinkindes und andere Beiträge zur Psychoanalyse (Gebundene Ausgabe), (Klett-Cotta /J. G. Cotta'sche Buchhandlung Nachfolger, 2006) 참조. Klein은 아이의 자아가 형성되는 기간에 무의식적으로 다른 모든 것들을 이 불안지위의 엄습을 통해 자기 것으로 삼아버리는

젖가슴' 속에서 사랑의 대상과 융합된 자아로서 살아가는 어린 아이가 그것을 상실하는 데에서 오는 '우울불안'(depressive anxiety)과 같은 것이다. 춤은 바로 그런 불완전성을 메워주는 기능을 한다. 오늘날 국가가 개인의 삶에 대해 하고자 하는 역할이 후견인의 역할이라고 보면, 춤은 국가가 그 질서를 형성하는 매체로서[100] 법의 배후에서 법생활을 가능케 하는 통합의 원천에너지가 된다고 할 수 있다.[101]

점이 웨디프스콤플렉스나 노이로제 등의 원인이 되며, 어른이 되어도 불안지위에 대처하는 투쟁을 할 수밖에 없다는 점을 바라본다.

100) Manderson도 이와 비슷하게 미학적인 것(the aesthetic)은 사회구성원들이 공유할 수 있는 담론을 만들어내고, 그 속에서 이해, 가치, 평가 등을 교환하는 의사소통을 펼침으로써 구성원간의 소속감(공동체의식)을 형성하게 한다는 점, 다시 말해 미학적인 것은 사회에서 공동체를 형성하는 일의 한 부분임을 지적한다. Desmond Manderson, "Quodlibet: Just Aesthetics and the Aesthetics of Justice", *Songs without Music: Aesthetic Dimension of Law and Justice* (Universtity of California Press, 2000), 198쪽 참조.

101) 이를 "공동체의 부활로서 예술"(Art as restoration of the corporate body)라고 표제화하는 Lior Barshack, "The Body Politic in Dance", Peter Goodrich/Lior Barshack/Anton Schütz (편), *Law · Text · Terror* (Routledge-Cavendish, 2006), 55~57쪽 참조.

[2] 법춤학의 영역과 예시적 분석

Ⅰ. 법춤학의 분과

1. 법춤학의 의미와 방법

법춤학은 법에서 '춤을 복원'하는 작업을 수행하는 학문이다. 여기서 말하는 법에서 춤의 복원이란 법과 춤이 분리되지 않았던 역사에서 시작하여 그 둘이 철저하게 분리된 근대법의 역사를 넘어, 그리고 포스트모던 시대로 들어와 법과 춤이 다시 통합되는 현상을 가리킨다.[1] 그러니까 법춤학은 포스트모던 시대의 역사의식을 전제로 한 실천적 개념이다. 그러나 법춤학을 순수이론적으로만 바라보면, 법춤학은 법에서 춤의 의미와 기능, 춤에서 법의 의미와 기능, 법의 춤에 대한 규제와 통제, 법과 춤의 관계 지음에 따른 사회적 효과 등을 탐구하는 학문이라고 할 수 있다. 그러나 이런 개념정의는 매우 불완전하다. 법춤학은 이제 생성되는 학문이기 때문에 그 개념의 외연을 확정적으로 정할 수가 없

1) 이에 관해 자세히는 앞의 [1]단락 참조.

다. 법춤학적인 개별주제들에 대한 탐구가 한참 진행되고 나서야 그 외연의 윤곽을 어느 정도 그릴 수 있을 것이다.

법에서 춤의 복원이 포스트모던 사회의 시대적 요청이라면 그 복원의 방법은 무엇일까? 법문학적 통찰이나 법인류학적 비교분석, 지식고고학적 해부, 여성주의적 고찰 그리고 (법)정신분석학적 해석 등 매우 다양한 학제간 연구가 동원될 수 있다. 또 그래야만 한다. 그러나 어떤 복원의 방법이든 시·공을 초월하는 '보편적' 방법론을 제시하지는 못한다. 모든 방법은 언제나 '다투어질 수 있는 보편성'만을 가질 뿐이다. 그러나 이것으로 충분하다. 절대적으로 보편적인 방법론을 찾는 것은 춤의 다성성과 맞지 않는다. 그런 목표설정은 근대성의 습성과도 같은 것이다. 그러므로 춤의 복원에는 방법이 없다. 모든 방법이 다 유효하다. 화이어아벤트의 말처럼 '어떤 것도 상관없다'(anything goes). 어떤 방법으로든 법춤학적 작업이 펼쳐지게 하는 것이 우리시대의 과제일 뿐이다.

2. 법과 춤이 관계짓는 양상

그러나 어떤 방법에 의한 복원이든 복원작업에서 법과 춤이 서로에 대해 관계짓는 양상은 다음과 같이 세 가지로 유형화할 수 있다.

— 춤으로서 법(law as dance)
— 법 안의 춤(dance in law)
— 춤 안의 법(law in dance)

(1) 춤으로서 법

첫째, 법에서 춤을 복원한다는 것은 법을 춤으로 보고, 춤을 법으로 보는 것이다. 즉, 법과 춤이 같은 것이다(law as dance). 수사학적으로 표현하면 법이 춤추게 하는 것이다. 법이 춤춘다의 의미를 기호학적으로 풀어내고, 그것을 입법이나 법률해석의 방향을 이끄는 지침을 마련하는 데 이용할 수 있다. 현실의 춤은 특정한 시공간 속에서 전개된 사람들 사이의 소통의 모습을 거울처럼 반영한다. 그러나 다른 한편 춤은 기존의 소통을 억누르는 것들에 저항하고 그것들을 해체한다. 그렇기에 춤의 의미를 풀어내어 그것을 법의 내용으로 삼는 작업은 그 시대 그 법의 자화상을 그리는 것이면서 동시에 법으로 하여금 자기변혁의 성찰을 수행하는 것이기도 하다. 춤추는 법이 이성법이라면 그 춤은 주로 이성으로부터 탈출과 해방을 뜻하고, 법학은 이런 탈출과 해방의 법적 의미를 민주적 법치국가의 틀 안에서 찾아가는 작업이다.

(2) 법 안의 춤

둘째, 법에서 춤을 복원한다는 것은 법 안에 있는 춤의 현상을 눈여겨 본다는 것이다. 이런 복원 작업은 법 안에서 수범자들의 특정한 춤추기를 금지 또는 제한하거나 춤추기를 보호하는 것이다. ① 법의 춤에 대한 규제(예: 누드댄싱의 금지[2])는 춤이 상징을 창출하고, 사회적 의미를 생산하여 궁극에는 공론을 변화시킬 수 있는 소통과정에 대한 규제가 된다. 따라서 법은 춤에 대한 규제를 변화시킴으로써 사회의 다양한 담론을 변화시키고,

2) 이에 관해 [1]. III. 3. (4) 단락의 삽입글 참조.

그런 변화를 통해 스스로도 변화하게 되는 길을 걸어 갈 수 있다. ② 법 안의 춤에 의한 법의 변화는 소송에서도 일어난다. 예컨대 소송에서 춤과 의미구조가 같은 퍼포먼스의 실행은 소송의 향방을 이끄는 기능을 수행할 수 있다. 이런 경우에 춤은 법 안에 있는 것(dance in law)이 된다.[3] ③ 그 밖에 춤에 대하여 저작권을 인정할 것인가 하는 문제도 법 안에 있는 춤의 문제유형에 속한다.[4] 법 안에서 춤이 어떤 권리보호를 받는가를 다루는 것이다. 이를 위해서 법은 춤의 본질에 맞지 않지만 춤을 개념화해야만 한다. 법에서 춤을 어떻게 이해할 것인지를 정해야, 어떤 춤을 법으로 어떻게 보호할지를 정할 수 있기 때문이다.

(3) 춤 안의 법

셋째, 법에서 춤을 복원한다는 것은 춤 안에서 법을 읽어내는 것이기도 하다. ① 춤, 특히 공연으로서 춤은 대부분 연극적인 구성을 갖고 실행된다. 그럴 때 춤은 스토리텔링을 하게 되고, 그 스토리가 법의 이념과 현상을 말하는 것일 수 있다. 춤이 거울이 되고, 법은 그 거울에 비춰진 텍스트인 것이다. 이때 법은 춤 안에(law in dance) 있게 된다. 그러나 스토리텔링은 춤의 필수적인 요소가 아님에 주의할 필요가 있다. 또한 스토리텔링이 있는 춤의 공연은 그 콘텐츠가 음악텍스트처럼 많지 않고, 매우 제한적이다. 그래서 춤의 스토리에서 법을 읽는 작업은 그 범위가 넓지 않으며, 현재까지 그런 작업은 거의 찾아보기 어렵다. 이 점은 '문학 안의 법'(law in literature)을 작업한 문헌들이 이미 많이 생산된 것과 대조된다. ② 그렇기 때문에 춤 안의 법을

3) 아래 III.단락 참조.
4) 아래 [3] 단락 참조.

분석하는 작업을 춤의 스토리텔링에서 수행하지 않고, 춤의 미학적 구조에서 수행할 수 있다. 이때 춤의 분석은 춤으로서 법의 의미를 해명하는 작업과 구별되기 어렵다. 즉 춤으로서 법과 춤 안의 법이 구별되지 않게 된다.

> 가령 발레의 기호학적 의미를 분석하는 것은 이성법의 춤추기가 어떤 방향으로 이성법을 변화시킬 것인지에 관한 지도이념을 만들어낼 수 있으면서, 발레라는 거울에 비춰진 이성법의 모습을 읽어내는 것이기도 하다.

3. 예시적 작업

이 책의 제2부는 발레, 즉흥춤, 브레이크댄스를 예로 하여 첫 번째 유형과 세 번째 유형의 병행적인 분석작업을 한다. 또한 [3]단락은 춤의 저작권 문제를 통해 법 안의 춤 현상을 상세히 분석한다. 이 무용저작권은 하나의 법분과를 이룰 수 있다. 제2부와 제1부 [3]단락의 분석들은 그 양으로 볼 때 법춤학이 무엇을 하는 학문인지를 어느 정도 이해할 수 있게 한다. 하지만 이 책이 법춤학의 이론을 제시하는 것을 넘어서 법춤학의 개별주제에 대한 작업들을 다할 수는 없다. 법학의 모든 주제들이 다 법춤학적 작업의 대상이 될 수 있다.

그러나 이 책을 통해 법춤학을 처음 접한 사람이 법춤학에 대한 이론적 개요를 알게 되었다고 하여 법춤학적 작업능력을 스스로 키울 수 있게 되는 것은 아니다. 그래서 아래에서는 제2부에서 보여주는 법춤학의 영역을 제외하고, 법을 춤으로(law as dance) 바라보는, 즉 법이 춤춘다는 명제를 실현하는 법춤학의 작업(아래 II)과 법 안에서 춤(dance in law)의 현상에 주목하는 법춤학의 작업(두번째 작업유형, 아래 III)의 예시를 보여주려고 한다. 이 작업들은 주로 소송법의 영역에서 이루어지고 있다.

Ⅱ. 법의 춤추기

1. 몸의 해방을 통한 법의 변혁

법이 춤춘다는 것의 의미를 풀어내려면 먼저 춤의 의미를 해명할 필요가 있다.

(1) 무의식의 의식화

여기서 춤은 주로 이데올로기적 장치들이 몸을 가둔 윤리와 규범의 감옥으로부터 몸을 해방시키는 움직임으로 이해하고자 한다. 그렇기에 춤춘다는 것은 일상생활에서는 부자연스럽거나 낯설은 몸짓을 하는 방식을 취한다. 그런 몸짓은 무의식에 형태를 부여함으로써 무의식을 의식화한다. 이 무의식의 의식화는 ① 몸짓이 촉발시키는 (무의식을 반영하는) 이미지를 생성시키고, ② 그 이미지로부터 상징이 읽혀지고, ③ 상징을 언어적 개념으로 해석하는 과정을 통해 이루어진다. 이런 춤을 통한 무의식의 의식화는 '능동적 심상화'(active imagination)[5]의 한 형태로서, 치료적 효과를 발휘할 수 있다.

---

5) 이렇게 보는 Joan Chodorow, "The Body as Symbol: Dance, Movement in Analysis", in: Patrizia Pallaro (ed.), *Authentic Movement* (Jessica Kingsley Publisher, 2000), 279쪽.

(2) 치료적 춤

그래서 춤은 그림을 그리거나 음악활동을 통해 치료적 효과를 가져오는 미술치료나 음악치료와 함께 응용심층심리학 분야의 하나가 된다. 오늘날 댄스치료(dance therapy)는 이미 상당한 발전을 이루었다.[6] 특히 무의식의 외면으로부터 무의식에 생성·축적되는 콤플렉스들의 증상들(예: 우울증, 신경증 등)이 춤을 통해 해소될 수 있다.

가령 강박적으로 단정함과 순결함에 집착하는 여인이 안달루시아(Andalusia) 집시의 춤인 플라멩고(Flamenco)[7]로 몸짓을 한다고 하자. 이때 플라멩고의 몸짓은 단정함과 순결함의 여성상을 의지적으로 추구함으로써 무의식에서 억압되어 온 자유로운 성적 욕망의 콤플렉스를 해체시키는 작용을 할 수 있다. 플라멩고를 추는 집시의 이미지는 자유로운 영혼이나 박카스 축제와 같은 성적 자유를 향유하는 삶이다. 이 상징은 동거의 자유나 (자본주의체제에서) 임금노동의 거부와 같은 의식화된 이념으로 구체화될 수 있다. 현실에서는 여전히 단정함과 순결함을 추구하는 삶의 형태를 유지하면서 집시의 춤을 통하여 그런 삶의 추구가 가져오는 고통과 상처 그리고 그 증상들(예: 우울과 불안, 신경증 또는 자유분방한 여인에 대한 폭력적인 질투와 비난)이 완화되거나 치유되기도 하는 것이다.

---

6) 댄스치료는 1940년대 미국에서 시작되었고, 우리나라에는 1990년대에 소개되고 2000년대 대중적인 확산이 이루어졌다(이지현, "춤, 행복으로 가는 치유의 행로" *월간 말* (2월호, 2007), 222쪽 참조).

7) 플라멩고는 15세기 스페인 남부에 정착한 집시들이 만들어낸 춤으로서 노래(칸테 혼도, cante jondo)와 춤(바일레, baile) 그리고 기타 반주(토케, toke)로 구성되며, 춤만 추는 경우도 있다. 플라멩고는 집시들의 이주역사에서 볼 때 아랍, 가톨릭 및 유대의 문화가 융합된 결과로 평가되며 춤의 동작형식이 팔다리가 짧은 한국사람들에게도 매우 적합하다는 체험들이 보고되기도 한다.

(3) 법의 병든 정신

춤이 개인의 병든 정신을 치료한다면, 그리고 법이 춤이라면, 법은 춤을 통해 자신의 '병든' 정신을 치료하는 가능성을 얻을 수 있다. 여기서 '병든' 정신이란 이성 중심의 '정신'의 법이 계몽의 변증과 같은 자기발전의 결과로 발생시키는 이성의 광기, 곧 '인간성'의 상실을 가리킨다. 이는 이성의 법이 초자아 중심의 윤리적 인간상을 지향함으로써 초래된 결과이다. 윤리적 인간상을 지향하는 초자아는 무의식을 돌보지 않고, 몸을 윤리의 관행적 틀 속에 가두어 놓음으로써 무의식 속에 콤플렉스를 생성·축척시키게 만든다. 몸을 해방시키는 춤은 개인의 무의식 속에 생

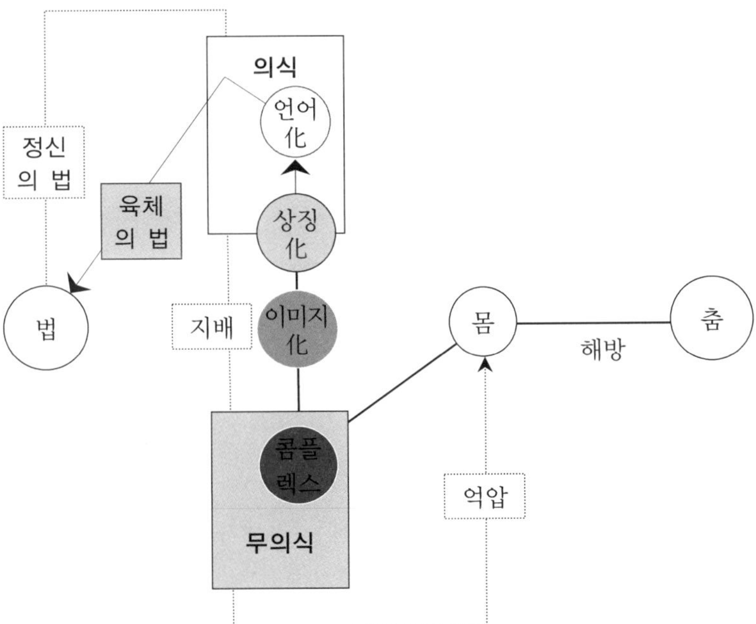

도표 4: 춤을 통한 무의식의 의식화와 법의 치유

성·축적된 콤플렉스를 해체하여, 무의식이 의식의 도덕적 자아를 파괴하거나 의식의 자기규제능력을 망가뜨리는 병적 현상을 치유시킬 수 있다. 그러므로 이성법의 변증으로 초래된 광기를 치유하기 위해서는 법이 사람들의 자유로운 춤을 보장해야 할 뿐만 아니라 자신도 스스로 춤을 춰야 한다. 여기서 중요한 점은 법이 '춤춘다'는 것의 의미를 어떻게 이해할 것인가이다.

2. 이성법적 전통에서 이탈과 해방으로서 춤

우선 법이 '춤춘다'는 것은 기호학적으로 이해되어야 한다. 법이 춤춘다는 것의 기호학적 의미는 이성법적 원칙과 규칙 또는 그것을 구체화한 법개념으로부터의 이탈과 해방이다. 이성법적 전통으로부터 이탈할 것인지 여부는 구체적 사안의 고유한 특성(특히 질감, texture)에서 판단된다. 즉 사안의 질감적 특성을 고려할 때 (이성)법을 굴절없이 적용할 경우에 이성의 광기라는 수사학적 표현이 어울릴 만한 결과가 초래된다고 판단되는 경우에는 이성법적 전통으로부터의 이탈과 해방이 허용된다. 이를 형사소송법의 규정을 예로 세밀하게 설명해보자.

(1) 이성법적 형사소송의 모습

이성법의 하나로서 근대적 형사소송법은 영미법계의 적정절차(due process)이건 독일법계의 "보호하는 형식"(schützende Formen)[8] 이건, 피고인의 방어권을 보호함으로써 피고인의 인권보장 뿐만 아니라 사실인정의 합리성을 도모한다. 피해자는 형법상 법익 개념에 중립화될 뿐만 아니라 형사절차에서도 주체가 되지 않고,

8) Heinrich Albert Zarcharie, *Handbuch des deutschen Strafprozesses*, Band 1 (1860), 144~147쪽 참조.

참고인이나 증인으로 참여할 뿐이다. 즉 피해자는 소송에서 주변적 지위를 갖는다. 이는 근대 형사소송법의 이성적 전통이다. 왜냐하면 피해자의 지위를 강화하면, 대부분 피고인의 지위가 약화되는 '제로섬게임'의 관계가 있기 때문이다.

(2) 이성법의 춤추기로서 소송상 피해자의 지위강화

그러나 피고인의 방어권을 굴절없이 보장하는 것이 어떤 사례(군)에서는 형사사법의 정의를 실현하는 것이 되지 않고, 부정의('이성법의 광기')를 실현하는 것이 되기도 한다. 예컨대 피고인이 법정에 있을 권리(형사소송법 제276조)는 방어권 보장에서 필수적인 최소한의 요청이다. 피고인은 법정에 있음으로써 증인이 자신에게 불리한 증언을 할 때 반대신문(제161조의2 제1항)을 할 수 있다. 그러나 성폭력 피해자가 증언을 할 때 피고인을 반드시 대면해야 한다면 피해여성은 성폭력에 버금가는 또 한번의 고통을 겪을 수도 있다. 그렇기 때문에 이 경우에 피고인의 출석·재정권, 반대신문권 등의 보장이라는 이성법의 전통으로부터 이탈이 요구된다. 이를테면 피고인을 퇴정시키거나(제297조), 성폭력피해자를 비디오 등 중계장치로 신문하는 것(제165조의2)이 필요하다. 이런 제도의 기호학적 의미는 이성법으로서 형사소송법이 전통으로부터 해방되는 춤을 추는 것이다.[9]

3. 법이 춤추는 위치

그러나 이런 이탈과 해방이라는 법의 춤추기는 춤추는 정도

9) 소송법에서 피해자의 지위를 강화하는 방법은 매우 다양하다. 이에 관해 자세한 분석으로 이상돈, *형사소송제도의 변화에 따른 범죄피해자의 권리강화 방안* (2008년도 법무부 연구용역 과제보고서) 참조.

에 따라 이성법의 반성이 될 수도 있지만, 이성법의 해체가 될 수도 있다.

(1) 모더니즘과 포스트모더니즘

그러므로 이성법의 춤추기는 사안의 특성과 무관하게 '일반적으로' 정당한 것이 아니라 어떤 사안의 고유한 질감적 특성을 고려하여 오직 '예외적으로만' 관용되는 것이다. 이런 입장은 이성법적 전통은 유지하되, 그 폐해를 반성적으로 제거하는 '성찰적 모더니즘'(reflexive modernism)의 위치에 서 있는 것이다.

이에 비해 법의 춤추기가 언제나 원칙적으로 허용된다고 본다면, 즉 언제든지 이성법의 전통에서 벗어나는 것이 허용된다고 본다면, 그것은 포스트모더니즘의 위치에 서는 것이다. 물론 이때에도 예외적으로 법의 춤추기를 제한한다면 '성찰적 포스트모더니즘'(reflexive Postmodernism)의 위치에 서게 된다. 이렇게 되면 법의 춤추기는 크게 네 가지 이념적인 위치를 갖게 된다.

— 춤을 쫓아낸 모더니즘 (ⓐ)
— 예외적 춤추기를 허용하는 성찰적 모더니즘 (ⓑ)
— 춤추기를 예외적으로만 제한하는 포스트모더니즘 (ⓒ)
— 언제나 춤추기를 지향하는 포스트모더니즘 (ⓓ)

(2) 춤추기의 위치 분석례

이런 네 가지의 이념적인 위치를 소송상 피해자의 지위 문제에 적용하여 설명해보자. ① 첫째, 피고인의 방어권 보장을 위해 피해자 증언시의 퇴정가능성을 배제한다면 순수한 모더니즘(ⓐ)의 모습이 된다. ② 이에 반해 혐의범죄의 종류와 피해자의 특성

등을 고려하지 않고 증인이 단순히 "피고인 또는 어떤 재정인의 면전에서 충분한 진술을 할 수 없"어서 피고인의 퇴정을 허용하는 일반적인 규정(형사소송법 제297조)은 포스트모더니즘의 춤추기(ⓓ)에 해당한다. 그러나 이런 이성법의 춤추기는 이성법의 광기를 고치는 것이 아니라 춤이 이성법을 위태롭게 하는 광기를 갖게 되는 위험이 발생한다. ③ 셋째, 하지만 이 포스트모더니즘적 법정책에 제한을 가한다면, 예컨대 춤이 허용되는 사례를 "범죄의 성질, 증인의 연령, 심신의 상태, 피고인과의 관계, 그 밖의 사정으로 인하여 피고인 등과 대면하여 진술하는 경우 심리적인 부담으로 정신의 평온을 현저하게 잃을 우려가 있다고 인정되는 자"(형사소송법 제165조의2 제3호)와 같은 일반조항의 형식으로 정한다면, 이는 성찰적 포스트모더니즘(ⓒ)에 가깝다. ④ 넷째, 모더니즘도 성찰적일 수 있다(ⓑ). 예컨대 「아동·청소년의 성보호에 관한 법률」 제7조부터 제12조까지의 규정에 해당하는 죄의 대상이 되는 "아동·청소년 또는 피해자"에 대해서 비디오 증인신문을 허용하는 규정(제165조의2 제2호)을 들 수 있다. 이는 피고인의 법정재정권은 보장하면서 그로 인한 피해자의 추가적인 고통을 제거하는 반성을 하는 것이다.

이러한 춤추는 위치의 유형화에서 성찰적 포스트모더니즘(ⓒ)과 성찰적 모더니즘(ⓑ)은 언제나 운용에 따라 접점을 가질 수 있다. 예컨대 제165조의2 제3항을 단순히 "정신의 평온을 현저하게 잃을 우려"를 심리적 부담이 범죄피해에 버금갈 정도의 경우로 국한하여 해석·적용한다면 포스트모더니즘과 모더니즘은 '성찰'이라는 접점에서 만나게 되는 것이다. 이와 같은 춤추기의 위치에 대한 자기의식은 다른 모든 법적 문제에서도 필요하고 또한 가능하다.

Ⅲ. 법 안의 춤

춤은 법과 분리되어 법 속에 자리잡는 현상의 예시적 분석으로 아래에서는 '소송에서 춤추기'를 다룬다. 소송에서 참가인들이 춤을 추고, 그 춤추기가 소송의 승패를 좌우하는 현상이다.

1. 소송의 미학적 차원

소송에서 춤춘다고 하면 어불성설로 들릴 것이다. 법정에서 춤춘다면 아마도 법정모욕죄(형법 제138조)로 처벌되거나 적어도 퇴정조치(법원조직법 제58조 제2항)를 당할 것이다. 그러나 법정에서의 변론은 논증으로 뿐만 아니라 춤으로도 이루어질 수 있다. 이는 소송에 미학적 차원이 있기 때문이다. 미학적 차원을 이해하기 위해서 법관이 사실을 인정하는 인식활동의 특성을 먼저 이해해야 한다.

(1) 마당적 이해

법관이 소송에서 진실을 발견하려는 사실인정의 행위를 하쎄머(Hassemer)는 장면적 이해(Szenisches Verstehen)로 불렀다. 그렇기 부른 이유는 다음 다섯 가지 특징 때문이다. 첫째, 사실을 인정하는 인식의 근거가 되는 증거(정보), 특히 태도정보는 법관이 인지하기도 전에 너무 쉽게 날아가 버리는 속성이 있다(휘발성). 둘째, 소송에서 등장하는 정보의 양과 질은 법관을 비롯한 소송참여인들 사이의 상호작용과 의사소통의 복잡한 양상에 따라 달라진다(상호작용의존성). 예컨대 법관이 신문하는 태도는 피고인의 진술이나 증언[10]에 매우 큰 영향을 미친다. 셋째, 법관은 소송에 등장하는 정보를 선별(선택과 배제)하여 인지하며, 그렇게 선별된 정보들만을 하나의 정합적인 (정보들의) 체계 속에 짜 넣음으로써 사실을 인정하게 된다(정보의 선별과 조합). 넷째, 그런데 이 선별의 과정은 그 이유를 '말할 수 없는' 과정이다(말할 수 없음, Unsagbarkeit). 다섯째, 이와 같은 특성들로 인해 사실확정의 인식은 언제나 성공이 불확실하다(성공의 불확실성).

나는 이 장면적 이해에 두 가지 특징을 더하여 마당적 이해의 이론을 발전시켰다. 추가된 특징의 하나는 사실확정의 인식이란 소송참여인들 사이의 활발한 상호작용(공격과 방어)과 의사소통이 구현된 공판 속에서, 비유적으로 표현하면 마당극[11]의 '마당성' 속에서 비로소 가능하다는 것이다(상호주관성).[12] 다른 하

10) 이 점을 고려하여 판사의 고압적인 태도가 피고인에게 충격을 주어 피고인으로부터 나올 수 있는 정보의 양과 질에 영향을 주고, 특히 "피고인의 자기존중감과 자존심을 심하게 손상시키고, 그로 인하여 … 반복적으로 비행이나 범죄행각을 하게"되지 않도록 소송참여인들의 상호작용 양식이 "사회의 정신건강을 증진시키는" 치료적 기능을 할 수 있도록 되어야 한다는 주장으로 박광배, "치료적 법철학: 마당적 이해의 한 요건", 1999.8.20. 개최된 한국심리학회 연차학술대회 공청회 섹션 III (법심리학 공청회)에서 내가 발표한 "형사소송의 대화이론"에 대한 토론문 참조.

11) 한국의 마당극은 공연자와 관람자가 엄격하게 구분되지 않는다. 관람자는 공연자의 퍼포먼스를 단지 관람하는 것이 아니라 함께 '추임새' 등과 같은 행위를 함으로써 공연을 완성시키는 데 참여한다. 이 추임새는 공연에서 불가결한 요소이다. 그러니까 마당극의 관람객은 단지 관객이거나 청자가 아니라 공연의 참여자가 된다. 이는 서양의 오페라 공연처럼 무대 위의 공연자와 관람객이 주체(또는 송신자)와 객체(수신자)로 날카롭게 구분되는 것과 다르다. 마당극은 공연자와 관람객이 함께 깊은 상호작용을 펼침으로써만 비로소 그 심미적 체험이 일어난다. 바꿔 말해 마당극의 심미적 체험은 극도의 상호주관성의 양식을 띤다.

12) 형사소송에서의 '마당적 이해'에 대한 보다 자세한 설명은 이상돈, *형사소송원론. 형사소송의 근대성과 대화이론* (법문사, 1998), 3~50쪽 참조.

나는 소송참여인들이 누구와 어떤 상황에서 대면하고, 상대방이 어떤 반응을 보이느냐에 따라 각자의 반응은 그때그때 즉흥적으로 변화하고, 그런 변화는 다시금 상대방으로 하여금 다른 반응을 하게 만든다는 점이다(즉흥성, 무계획성). 그렇기 때문에 지나친 계획심리는 소송절차의 적정성을 오히려 해친다. 예컨대 공판준비절차에서 입증계획을 서면으로 제출하게 하고(형사소송법 제266조의5 제2항), 수명법관이 증거채부결정(제266조의9 제1항 8호)을 하여 심리계획을 세우며(제266조의7 제3항), 준비기일에 채택되지 않은 증거를 공판기일에 원칙적으로 증거신청할 수 없게 하는 계획심리는 마당적 이해의 특성에 적합하지 않다.

(2) 소송에서 춤의 의미

이러한 특징의 마당적 이해는 법미학적 차원[13]을 갖는다. 우선 마당적 이해는 소송에 등장하는 정보들을 창출시키는 상호작용과 의사소통에 참여한 사람들의 주관적인 스토리텔링(storytelling)[14]이기 쉽다. 즉 소송에서 사실의 인정은 사태에 대한 언어적 서술이 인식을 한 다음 그것을 언어로 표현하는 순차적 과정이 아니라 불확실한 언어귀속이며,[15] 이 언어귀속, 바꿔 말해 법관이 인

13) 이에 관해 자세히는 이상돈, *법미학* (법문사, 2008) 참조.

14) 법학이란 이야기하기(storytelling)의 일종이며, 법 또한 해석되어야 할 하나의 이야기에 다름 아니라는 점은 D. Farber and S. Sherry, "Telling Stories Out of School: An Essay on Legal Narratives," *Stanford Law Review* (Vol. 45, 1993), 807쪽 참조.

15) 이런 인식을 처음으로 전개한 나의 학위 논문 Sangdon Yi, *Wortlausgrenze, Intersubjektivität und Kontexteinbettung* (Peter Lang, 1992), 207쪽; 이상돈, *형사소송원론* (법문사, 1998), 6~8쪽; 즉 인식이란 일정한 외부세계의 사태를 '지각'하고, 그 지각한 대상에 어떤 언어기호를 선택·귀속시키는 작업인데, 이 언어귀속은 언제나 불확실한 것이고, 주체(법관)의 언어적 감수성에 따라서, 그리고 그 배후에 있는 선이해에 따라서 매우 유동적일 수 있다는 것이다.

식했다고 말하는 과거의 사건에는 분석 불가능한 법관의 '문학적' 또는 '수사학적 상상'이 개입한다.[16] 이러한 문학적 또는 수사학적 상상의 방향은 법관이 소송참여자에 대하여, 또는 그들의 진술에 의해 그리고 그들 사이에 펼쳐지는 상호작용의 모습에 의해 촉발되는 '심미적 체험'에 의해 좌우되기 쉽다. 이를 법정미학(forensische Ästhetik)의 차원이라고 할 수 있다.

> 가령 한국법정에서 유무죄를 가장 결정적으로 좌우하는 증거인 증인의 증언의 신빙성에 대한 판단은 적지 않은 경우 증인이 법관에게 어떻게 보이고 들리는지에 따라 좌우된다. 예컨대 아름다운 증인, 이를테면 '법관의 눈을 똑바로 바라보고, 크고 분명하게 말하며, 적대적이지도 논쟁적이지도 교활해 보이지도 둔해 보이지도 않는 증인'[17]의 정보는 선택되고, 쉽게 휘발되지도 않고 오래 기억에 남으며, 신빙성이 있다고 믿는 경향이 있다. 물론 여기서 아름다운 증인은 외모가 매력적인 증인뿐만 아니라 지성적이어서 아름다운 사람, 순박하고 강직해서 아름다워 보이는 사람 등을 모두 포함한다.

2. 논증의 한계와 춤의 힘

이 심미적 체험을 이끄는 것은 무엇보다도 소송참가인들의 퍼포먼스이다. 이를테면 변호인은 정중한 모습으로 자세를 고정시키고만 있는 것이 아니라, 끊임없이 작은 퍼포먼스를 수행한다. 손, 팔, 머리를 사용하는 제스처, 법정에서 이동하는 보폭과 속도, 발걸음의 선회각도나 속도, 목소리의 높낮이와 속도, 시선처

16) 이상돈 · 이소영, *법문학* (신영사, 2005), 78쪽 아래.

17) 이를 "좋은 증인(good witness)"으로 표현하는 Peter Heerey, "Aesthetics, Culture and the Whole Damm Thing", *Law and Literature* (Fall 2003), 299쪽.

리 등은 소송에서 검사나 변호인이 수행하는 퍼포먼스의 구성요소들이다. 이 퍼포먼스는 분명 예술적인 차원을 갖고 있는 일종의 춤이라고 할 수 있다. 춤의 예술적 차원에서 공감(empathy)은 소송을 유리하게 이끌 수 있다.

이렇게 소송에서 퍼포먼스가 사실인정을 좌우하는 힘은 논증의 배후에서 작용하거나 논증(의 가능성)이 끝난 곳에서 작동한다. 법관이 사실인정의 근거와 추론과정을 언어로 설명하는 의무[18]를 아무리 충실하게 이행하여도 그가 왜 그렇게 사실을 인정하였는지는 도무지 알 수가 없다. 법관 자신도 설명할 수 없기도 하다. 그래서 법관의 사실인정은 궁극적으로 법관의 주관적인 심증형성에 의할 수밖에 없다(자유심증주의). 이 심증형성의 주관적 세계에는 법관의 선이해나 편견 등이 작용한다. 이 주관세계에 영향을 줄 수 있는 것은 더 이상 검사나 변호인의 '논증'이 아니라 '퍼포먼스'이다. 그러므로 소송의 적정절차가 구현하는 공정성은 논증뿐만 아니라 퍼포먼스에서도 그 기회가 공정하게 배분되고 높은 질이 실현될 때 비로소 확보될 수 있다. 당사자가 제출한 증거나 논증적인 주장들 가운데 어떤 것이 법관에게 신빙성이나 설득력이 있는 것으로 받아들여지는지를 설명하는 것은 논증이론이 아니라 퍼포먼스의 이론, 춤의 이론인 것이다.

3. 소송에서 춤의 구조적 요소

물론 소송에서 퍼포먼스를 진정한 춤이라고 볼 수 있는 것인지는 좀 더 많은 분석과 설명을 필요로 한다. Abrams는 소송에

18) 증거의 선별 근거, 증거들이 입증하는 개별사실로부터 전체적 사건의 구성결론을 도출해내는 추론과정 등을 설명해야 한다. 판결이유제도(형사소송법 제323조)와 각종 조서작성의 제도는 이런 논증의무를 근거짓는다.

서 퍼포먼스를 춤라고 불렀다. 그가 본 춤의 요소는 외모(예: 우아하나 현란하지 않음)와 옷차림(예: 비즈니스 수트), 품행(Demeanor)(예: 사려깊음, 정중함), 쇼적인 요소(예: 사건을 논증이 아닌 이야기로 설명), 매력(예: 풍채), 목소리(예: 생동감)와 바디랭귀지(예: 미소) 등이다.[19] 그러나 이런 구조분석은 매우 불완전하다. 첫째, 스토리텔링은 춤을 연극의 일부로 바라볼 때에만 춤의 요소가 된다. 그러나 즉흥접촉춤처럼 스토리가 없는 춤도 있기 때문에 스토리텔링은 소송에서 퍼포먼스를 춤으로 보기 위한 구조적 요소가 되지 않는다. 둘째, 관객의 요소도 이와 사정이 비슷하다. 소송의 퍼포먼스에서 관객은 재판공개원칙 때문에 필수적인 요소가 된다. 하지만 춤에서는 관객이 물론 대개는 있지만 없을 수도 있다. 셋째, 소송상 퍼포먼스와 춤에 공통된 것으로 리듬이나 스텝이라는 요소도 있다. 변호인이나 검사가 변론할 때 법정을 걷기도 하고, 목소리와 스텝에 리듬을 줄 수도 있다. 이런 리듬과 스텝은 신문이나 변론의 설득력에 영향을 준다. 넷째, 소송상 퍼포먼스는 소송에서 이기려는 목적을 추구하지만 춤은 목적성이 필수적이지 않다. 물론 춤이 '만인을 속박하는 규범적 헤게모니의 구속들에서 벗어난' 자기배려[20]의 목적을 추구한다고 말함으로써 유사성을 말할 수 있다. 다섯째, 소송상 퍼포먼스가 소송절차의 규칙을 준수하고 활용하는 반면, 춤은 일상적인 몸동작의 규칙성을 해체한다. 이 점에서 퍼포먼스와 춤은 역시 다르다고 할 수 있다.

---

19) Roger I. Abrams, "The Dance and the Adjudication of Disputes", *Rutgers Law Review* (Vol. 51, 1999), 906쪽.

20) 연효숙, "윤리적 주체와 차이의 존재론", *시대와 철학* (제20권, 2000), 19~20쪽.

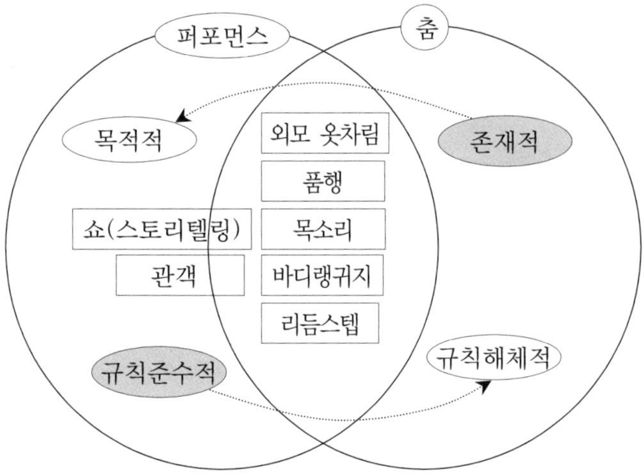

도표 5: 춤과 법정 퍼포먼스의 구조적 유사성

4. 미학적 공감과 연대의 창출

그러나 소송상 퍼포먼스가 규칙준수적인 것은 법정질서를 유지한다는 점에서만 그러하고, 논증을 생략시키면서 사실인정의 심증을 갖도록 한다는 점에서는 규칙(에 의한 사실인정)을 해체하는 성격을 띤다. 이 점을 이해하기 위해 미국에서 변호인이 최고의 퍼포먼스를 한 것으로 유명한 O.J. Simpson 사건을 예로 든다.

> 1994년 Nicole Brown Simpson과 그 애인 Ronald Goldmann이 Nicole의 빌라에서 칼로 살해되었고, 이 두 사람의 피와 O.J. Simpson의 피가 묻은 장갑의 왼손짝은 Nicole의 집에서, 오른손짝은 O.J. Simpson의 집 근처에서 발견되었다. 심슨의 피가 장갑에 묻은 것은 DNA분석을 통해 확인되었다. 그러나 변호인들(Johnnie Cochran, F. Lee Bailey)은 결정적으로 불리한 상황에서 심슨으로 하여금 장갑을 끼워보게 만들었다. 심슨은 결국 장갑을 껴보았고,

장갑은 심슨의 손에 꽤 작았다. 검사는 장갑이 피에 젖어 크기가 줄어들었다고 반박했다. 그러나 변호인 Cochran은 최후변론에서 반복해서 연극적으로 "장갑이 맞지 않는다면, 당신들은 석방해주어야 합니다"를 외쳤고, 배심원단은 무죄평결을 냈다. 한 배심원은 인터뷰에서 "쉽게 말해서 그 장갑은 맞지 않았어요"(In plain English, the glove didn't fit)라고 말했다.

(1) 퍼포먼스의 표현적 요소

이러한 변호인의 퍼포먼스는 "완벽한 춤"(consummate dance)[21] 이었다고 평가된다. 변호인의 변론이 얼마나 구조적으로 춤의 요소를 많이 갖고 있었는지, 얼마나 완벽했는지는 여기서 일단 논외로 한다.

중요한 점은 변호인의 퍼포먼스가 피고인에게 살인동기의 설득력, DNA분석결과, 장갑이 작아진 이유 등과 같은 합리적 논증의 힘을 해체한다는 점이다. 변호인의 퍼포먼스는 소송이 시작할 때 피고인이 이기기 어려울 것 같아 보였던 사건을 '전복'시켜버렸다. 이 전복은 마치 브레이크댄스에서 얼음동작(freeze)이 갖는 주류문화에 대한 하부문화의 전복적 의미(subversive means)와 매우 유사하다. 그런데 변호인의 퍼포먼스가 춤이 되려면 몸, 자세, 동작의 시·공간적 배치를 통해 일정한 표현(expression)을 한 것이어야 한다. 이 사건에서 표현은 심슨이 당한 인종주의적 편견의 부당함과 그것의 미학적 추함이라고 할 수 있다.

(2) 퍼포먼스의 연대창출적 요소

소송상 퍼포먼스가 춤으로서 갖는 미학적 가치에 대한 체험

21) Roger I. Abrams, "The Dance and the Adjudication of Disputes", *Rutgers Law Review* (Vol. 51, 1999), 909쪽.

을 당사자와 법관 또는 배심원들이 공유할 때 퍼포먼스는 사실 인정의 향방을 결정하는 힘을 발휘한다. 그런 공유를 공감(empathy)이라고 할 수 있다. 매우 이질적인 구성원으로 짜인 배심원단이 미학적 체험을 공유하는 것은 그들로 하여금 배심원 평결에서 연대를 하게 만든다. 이는 춤의 어떤 양식도 거부하는 즉흥접촉춤에서 접촉의 연속이 어떤 이념적 공통성도 없고, 성별, 계층, 직업 등 공통점이 없는 사람들 사이에 사회적 연대의 상징을 창출하는 것과 마찬가지이다. 이 연대는 합리적 논거에 의해 창출되는 것이 아니라 사안의 질감(texture)에 대한 미학적 체험의 공유를 통해서 이루어진다.

그러므로 훌륭한 변호는 훌륭한 퍼포먼스이어야 한다. 또한 훌륭한 퍼포먼스는 피고사건에서 어떤 질감적 요소를 추출하여 그것에 대한 정서적 반응을 하나로 결집시키는 창의적인 미학적 표현이어야 한다. 여기서 좋은 법률가가 된다는 것(lawyering)은 이런 미학적 작업을 할 수 있는 역량을 함께 키우는 것임을 뜻하게 된다. 이런 역량을 성장시키는 프로그램은 대학의 법학교육과정에도 절실히 요구된다.

[3] 춤의 법적 개념과 권리화

"춤꾼이 춤을 춘다는 것은 그가 자신의 몸의 아름다움과 춤 기술을 자랑하기 위함이 아니라 자신의 온 몸과 영혼으로 남의 고통과 아픔을 들어주고 함께 그것을 극복하기 위한 삶과 예술의 통섭의 장을 주최하기 위함이 아닌가."

— 조기숙 —

I. 춤과 저작권법의 관계

1. 춤의 권리화와 춤출 권리

춤도 권리가 될 수 있을까? 이 물음은 춤의 본원적인 의미에 대한 이해를 전제한다. 춤을 춘다는 것은 국가와 (이성의) 법 그리고 (합리적) 재판에서 가장 형식화되는 몸, 지배권력에 종속되어 있는 몸의 상태를 가장 극적으로 거부하는 해방감을 실존적으로 체험하는 것이다. 춤은 무의식을 의식화하는 작업이다.[1] 그렇기에 인간은 다른 누구의 춤을 따라하든, 자신이 새롭게 만들

1) 이에 관해서는 앞의 [2]. II. 1. 참조.

든 자유로이 춤을 출 수 있어야 한다. 춤출 자유는 인간의 실존을 인간답게 만드는 본원적 권리이다.

춤의 저작권은 이 권리를 제한한다. 어느 누구에게 그가 창작한 춤의 사용에 관한 배타적 권리를 인정하게 되면, 다른 누군가는 그 춤을 따라 추건 우연히 똑같이 창작하여 추건 간에 자유로이 출 수 없게 된다. 다시 말해 춤의 권리화는 춤출 (본원적) 권리를 제한하는 것이다. 그럼에도 불구하고 자본주의 사회에서는 춤이 상업화되고 자본을 형성하는 수단이 되고 있어, 춤에 대한 권리주장이 생겨날 수밖에 없다. 우리나라에서는 아직 그런 권리주장이 본격화되지 않았다. 춤의 시장이 크게 성장해 있지 않기 때문이다.[2] 그러나 최근 춤에도 저작권이 있다는 목소리와 그런 권리의식에 대한 사회적 인식이 조금씩 형성되기 시작했다. 이를 반영하듯 춤의 저작권에 대한 심포지엄이 개최되고,[3] 춤의 저작권에 관한 논문[4]도 매우 드물지만 발표되기 시작했다.

2. 춤의 권리화 현황

춤의 저작권의식과 현실에 비해 저작권법은 훨씬 일찍부터 춤에 저작권을 인정하였다.

---

2) 예를 들어 2008년도 우리나라 사람의 연평균 무용 관람횟수는 0.03회로 영화 4회에 비교하면 매우 적다. 다만 뮤지컬이나 연극에서 춤이 사용될 수 있고, 그 한에서 시장형성이 얼마간 있는 셈이다. 이 현황에 대해 자세히는 조남규, "한국 공연예술시장의 현황과 전망", *한국무용기록학회* (제18권, 2010), 79~97쪽 참조.

3) 예컨대 2009.3.에 개최된 한국무용기록학회의 심포지엄 <공연예술의 표현, 그 이후: 예술 저작권의 개념과 설정>을 들 수 있다.

4) 예컨대 2003년에 나온 조난경, *무용수들의 무용저작권 인식도 연구* (고려대 석사학위논문, 2003); 2009년에 나온 서재권, "무용의 저작권법적 보호범위에 관한 고찰", *한국무용기록학회지* (제16권, 2009), 53~79쪽 등을 들 수 있다.

(1) 현행 저작권법에서 춤

즉, 1987년부터[5] 저작권법은 무용저작물을 연극저작물의 일종으로 보고 이를 보호하고 있으며(제4조 제1항 3호), 춤의 실연에 대해서도 저작인접권(제2조 4호, 제64조 등)을 인정하고 있다. 현행법상 춤을 창작한 안무가는 무용저작권을 갖고, 그 춤을 실연한 무용수는 (무용)저작인접권을 갖는다. 이 저작권은 무용저작물을 창작한 때 어떤 절차나 형식의 이행 없이 발생한다(제10조 제2항). 또한 법인의 구성원이 그 법인의 기획 아래 행하는 업무상 무용저작물(업무상 저작물)을 창작하면 그 저작권은 법인에게 귀속된다(제9조).

이처럼 우리나라에서도 춤의 저작권은 그 큰 틀에서는 법제화되었지만 춤의 저작권 보호는 거의 미미한 수준이다. 그렇기에 조심스러운 정책이긴 하지만 적어도 지금보다는 다소 춤의 저작권보호를 높일 필요가 있을는지 모른다. 이를 위해서는 무엇보다 춤을 텍스트화한 무보(舞譜)의 저작권 등록을 활성화할 수 있어야 할 것이다. 그러나 무보의 저작권등록이 가능하려면 ① 춤에 고유성(창작성)이 있어야 하고, ② 유형물에 고정되어야 한다.

(2) 춤의 저작권분쟁 사례

현행법의 이런 규정들에도 불구하고 춤의 저작권은 아직 우리사회에 매우 낯설은 개념이고, 춤의 고유성(창작성)에 관한 판례도 우리나라에는 아직 없다. 이와 같은 춤의 저작권법의 발육부진은 춤의 저작권 논의가 우리보다 활발한 미국에서도 별로 다르지 않다. 다만 미국에는 춤의 저작권에 관한 대표적인 판례

5) 법률 제3916호로 1986.12.31., 전부개정되고 1987. 7. 1.부터 시행된 저작권법.

로 호두까기인형 사례가 있다. 이 판례는 이 단락의 논의를 이해하는 데 큰 도움을 줄 수 있기에, 여기서 간략히 요약소개한다.

> **[호두까기인형 사례]** 1981년 안무가 George Balanchine은 그가 한 호두까기인형의 안무에 대한 저작권등록을 하였다. 1985년 MacMillan회사는 뉴욕발레단의 허락을 얻어 Balanchine의 '호두까기인형' 발레공연의 사진과 무용가들의 인터뷰를 편집하여 발레책자(The Nutcracker: A Story & A Ballet)를 발행했다. Balanchine의 유언집행자인 Horgan은 MacMillan의 저작권 침해를 이유로 그 책자의 판매를 금지하는 가처분 소송을 제기하였다. 1심인 뉴욕지방법원은 발레책자의 사진들은 발레에서의 연속동작이 아니라 특정 순간 무용수의 자세를 보여줄 뿐이라는 이유로 가처분을 기각하였다. 다시 말해 사진은 발란신이 창작한 스텝의 흐름(flow of steps)을 재현하지 않는다는 것이다. 그러나 항소심은 연속되는 춤의 한 순간을 찍은 한 컷의 사진일지라도 많은 것을 전달해줄 수 으며 보통의 사람도 단순한 제스처나 자세보다 많은 것을 인지할 수 있다는 이유로 저작권 침해를 인정하였다.[6)]

3. 춤의 이해방식과 춤의 저작권

춤의 저작권이란 춤출 권리가 어느 누구의 배타적인 권리로 편입하는 것을 의미한다. 그렇다면 저작권법에 의해 배타적 권리가 인정될 수 있는 춤이란 무엇이며, 어떻게 이해될 수 있는 것인가? 앞의 호두까기인형 사례에서 발란신의 안무는 어떤 점에서 그에게 배타적인 권리를 귀속시킬 수 있는 것일가? 이러한 문제를 다루기 위한 출발점으로서 춤을 이해하는 방식에 먼저 주목할 필요가 있다.

---

6) Horgan v. MacMillan, Inc., 789 F.2d 157, 158 (2d Cir. 1986) 참조.

(1) 외향적 이해와 내향적 이해

아름다움의 가치를 이해하는 방식처럼 춤을 이해하는 방식도 외향적 이해와 내향적 이해를 구분해볼 수 있다. 이 구분은 춤의 권리화 문제에서 유용하다. 춤은 기호학적으로는 가령 "이성에 갇힌 몸을 '해방'시킴으로써 그 자체로서 이성법이 포착하지 못하는 인간의 다성성(多聲性)을 기호화"[7]하는 몸짓으로 개념화할 수 있다. 또는 춤은 이를테면 '인간에게 쾌락적인 행복을 가져다주는 재화의 하나이다'라고 개념화할 수도 있을 것이다. 앞의 개념은 춤이 갖는 사회(문화)적 효과, 그리고 뒤의 개념은 춤이 갖는 경제적 효과에 주목하여 내린 개념이다. 이처럼 문화적 효과나 경제적 효과와 같은 외향적 가치에 주목하여 춤을 이해하는 것을 춤의 외향적(extrinsic) 이해라고 할 수 있다.

이런 이해에 대응하는 이해를 내향적(intrinsic) 이해라고 할 수 있다. 즉 춤의 가치를 그 내부에 있는 고유한 것, 즉 내향적 가치에 주목하여 춤을 이해하는 것이다. 이때 내향적 가치는 주로 예술로서 춤이 지니는 '미학적 가치'이다. 이 미학적 가치는 어떤 춤이 어떤 외부적 효과를 가져오는지는 묻지 않고, 춤 이외의 다른 어떤 것에 의해 대체될 수 없는, 춤에 고유하게 내재하는 가치이다. 이런 내향적 가치를 창출하는 춤의 구조적 요소를 발굴하여 춤을 파악할 때, 그것을 춤의 내향적 이해라고 부를 수 있다. 하지만 춤의 내향적 이해를 '개념화'하기란 매우 어려운 일이다. 춤은 텍스트로 정밀하게 재현되는 음악예술이나 문학작품의 심미적 가치와는 달리 자신의 그 무한한 다양성(다성성)을 표현할 수 있는 기호의 세분화가 잘 되지 않는 행위이기 때문이다. 그래

7) 앞의 [1]. Ⅳ. 단락에서 내가 내린 정의임.

서 무수히 많은 다양한 춤들을 모두 포괄하는 춤의 개념은 이를테면 '추상적인 동작의 연속'[8](a series of abstract movements)이라는 식의 불명확성, 포괄성, 추상성을 띠는 개념이 될 수밖에 없다.

> **[음악과 춤의 관계]** ① 음악과 춤은 각기 서로에 대해 차이점을 갖고 있다. 춤이 몸 중심으로 삶의 환희(joie de vivre)를 표현한다면, 음악은 생각 중심으로 삶의 환희를 표현한다. 춤이 감각적이라면, 음악은 합리적이며, 춤이 이탈적이라면, 음악은 규약(canon)적이다. ② 그러나 오늘날 춤과 음악은 함께 한다.[9] 이 둘이 함께 할 때 춤은 음악의 가상공간(imagined space)으로 들어가며, 음악은 춤의 현실공간으로 들어간다.[10] 마치 이 둘이 상대에게 그의 자리를 미리 예비해둔 것처럼. 이 상호적 과정은 서로에게 각자의 새로운 해석틀을 제공해주고, 각자의 의미를 확장시킨다. 또한 이 상호적 과정은 (춤의) 감성과 (음악)의 이성을 연결하며, 생의 환희를 육체와 정신의 모든 차원에서 증대시키게 하는 과정이다. 이를테면 정경화가 바이올린 연주를 할 때 보이는 때로는 과도한 몸짓과 같은 음악적 제스처도 하나의 춤이다. 이 춤은 그녀의 음악을 이해하는 감성적 틀을 제공하며, 음악의 의미세계를 확장시키고, 음악에서 체험할 수 있는 환희도 증대시킨다. ③ 음악과 춤의 이와 같은 관계는 기호학적으로 읽으면 실정법과 자연법의 상호보완적 관계와 같다. 춤이 신의 모습을 닮은 몸의 언어로서 자연법을 기호화한다면, 음악은 인간의 한계있는 사고의 언어로서 실정법을 기호화한

8) 이에 관해 Jessica Cassity, "Beginner's Edge: Even Modernist Within Your Reach", *Dance Spirit* (December, 2002), 40쪽 참조.

9) '가수는 가창력이 있어야 진정한 가수다'라는 인식은 과거적이다. 오늘날 댄스가수라는 개념은 음악보다 댄스를 중심으로 하고, 가창력가수는 댄스보다 음악을 중심으로 하는 공연자를 뜻한다. 이상적인 모습은 댄스와 가창력이 동등하게 결합된 가수라고 할 수 있다. 이렇게 볼 때 가수는 가창력이 있어야 진짜 가수라는 인식은 폐기된다.

10) 이런 관점으로 Rachel Derden, "Dancing in the imagined Space of Music", *Dance Research: The Journal of the Society for Dance Research* (Vol. 25, No. 1, 2007), 74쪽.

다. 실정법과 자연법은 서로 변증될 때 서로에게 해석틀(자연법을 통한 실정법의 해석, 실정법을 통한 자연법의 인식거점 확보)을 제공하고, 의미를 구체화(자연법을 통한 실정법의 의미화, 실정법을 통한 자연법의 구체화)하며, 이성법과 감성법을 통합시키고, 정의의 실현을 증대시킨다.

(2) 춤의 미학적 차원과 법적 차원의 괴리

그러나 이런 개념이 (저작권)법이 보호할 춤의 개념이 될 수 있을까? 첫째, 우선 특정한 춤의 현상을 저작권보호의 대상으로 삼으려면 춤의 외부적인 효과가 아니라 춤의 내향적인 미학적 구조를 중심으로 파악해야만 한다. 저작권 승인의 요건인 '고유성'(창작성, originality)을 파악하기 위해서다. 그러나 춤의 내향적인 미학적 구조를 법적 보호가 가능한 일반화된 형태나 양식으로 파악하는 일은 거의 불가능하다. 춤의 미학적 구조와 법적 보호는 그 언어가 다르고, 지향하는 목표가 다르며, 이해를 이끄는 관심도 근본적으로 다르기 때문이다. 가령 훈련을 받지 않은 개인의 진정성 있는 막춤도 미학적으로는 아름다울 수 있다. 그러나 저작권보호를 받기에는 적합하지 않다. 그러므로 저작권보호를 받는 무용저작물이란 법적 관심, 법이 설정한 목적의 달성이라는 관점에서 바라보는 춤이 될 수밖에 없다.

둘째, 현실의 저작권법은 춤의 내향적 가치, 즉 아름다움에 대한 잣대를 제공해주는 것이 아니라 외향적 가치에 향해 있다. 즉, 법은 춤의 저작권을 통해 인간에게 다양한 심미적 체험을 가능하게 해주는 춤의 '지속적인 생산을 이끄는 인센티브'의 기제를 마련하려는 목표를 갖고 있다. 저작권의 인정여부는 춤의 심미적 가치의 유무가 아니라 새로운 춤의 생산을 유도하여 인간의 웰

빙을 실현하려는 목표의 달성여부에 의해 좌우된다. 이런 목표성은 춤의 내재적 요소가 아니라 춤의 외부적 요소이다.

그러므로 법이 정의하는 춤의 개념은 내향적이면서 동시에 외향적인 것임을 알 수 있다. 다시 말해, 저작권으로 보호되는 춤의 '외연'은 춤의 재생산 인센티브의 부여라는 외부적 목표(효과)에 지향하면서도 춤의 '내포'는 춤이 미학적 체험을 가져오는 몸짓의 구조에 대한 파악에 의해 채워져야 하는 것이다.

Ⅱ. 춤의 가치와 법정책

1. 춤의 경제적 가치와 법정책

춤에 대해 저작권을 어느 수준과 범위에서 인정할 것인지를 결정하는 법정책은 춤의 외향적 가치를 향해 있다. 이 외향적 가치는 자본주의 사회에서는 주로 경제적 가치로 환원된다. 이 경제적 가치는 모든 시민이 춤을 이용하여 얻는 효용을 극대화하는 데에 있다. 그러므로 춤의 저작권은 법경제학적 사고에 힘입어 그 보호수준을 결정하는 것이 합리적이다.

(1) 춤의 사회적 총효용과 저작권보호의 상관관계

한 사회의 모든 사람들이 춤을 추거나 보는 삶을 통해 얻는 행복의 총량을 경제학적 용어로 춤의 사회적 총효용이라고 하자. 어떤 춤에 대해 저작권을 인정하는 것은 한편으로는 기존의 춤의 레퍼토리를 모두 함께 이용하는 것을 제한하면서 동시에 앞으로 이용할 수 있는 춤의 레퍼토리를 증가시키는 것이다. 여기서 법은 춤에 대하여 저작권을 어느 정도로 인정해야 하는가? 이를 이해하기 쉽게 하기 위해 다음의 도표 6을 가지고 예시적 설명을 해보기로 한다. 저작권보호의 수준을 X로, 각 저작권보호의 수준에서 각 인이 각 춤의 이용(a)으로 갖는 효용의 총계를 Y=fa(X)로 나타낸다. 그리고 일정한 저작권보호의 수준에서 창작이 촉진되어 증가되는 춤의 레퍼토리의 개수를 b(X)라고 하고, 사회구성원의 수를 n이라고 하자. 그러면 춤의 사회적 총효용은 $Z=Y\times b(X)\times n=fa(X)\times b(X)\times n$이 된다.

가령 어떤 사회가 3명으로 구성되어 있고, 저작권이 인정되지 않은 상태(X1)에서 이들이 추는 춤의 레퍼토리가 1개($b(X_1)=1$)이며, 각 인이 그 춤을 춤으로써 얻는 효용을 단순 평균으로 1이라고 가정하자. 그러면 이 사회에서 춤의 사회적 총효용 $Z_1=Y[fa(X_1)]\times b(X_1)\times n$은 3이 된다. 그런데 3명의 한 가지 춤에 대한 이용을 일정하게 제한(예: 동의나 금전적 지불을 댓가함)하는

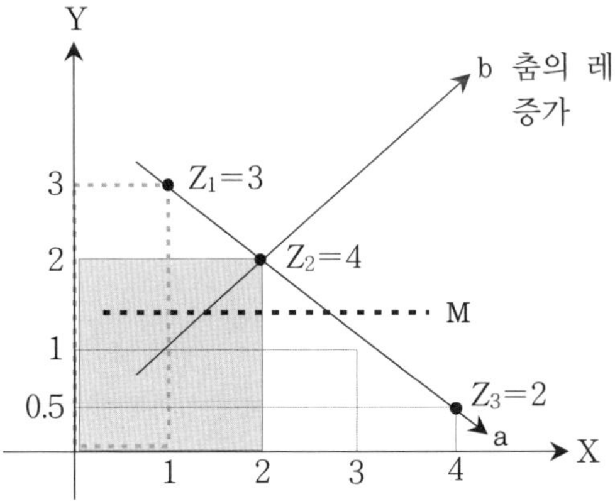

도표 6: 춤의 저작권보호와 사회적 총효용

저작권을 인정한다고 하자. 도표 6에서 춤의 저작권보호 수준을 X_1에서 X_2로 높이는 것이다. 그리고 이를 통해 춤의 창작이 촉진되어 새로운 춤이 한 가지가 더 생겼다고 가정하자($b(X_2)=2$). 그러면 춤의 사회적 총효용은 $1\times2\times3=6$이 될 것 같다. 그러나 춤의 이용제한으로 각 인의 각 춤의 효용은 감소한다. 각 인의 각 춤의 효용이 1에서 0.66으로 감소했다고 가정하자. 그러면 각 인의 각 춤의 효용의 총합은 $Y=fa(X_2)$는 3×0.66으로 약 2가 된다. 그러면 춤의 사회적 총효용 $Z_2=0.66$(각 춤의 효용감소효과) $\times2$(증가된 춤의 레퍼토리)$\times3$(인)이 되어 약 4가 된다. 결과적으로 이와 같은 저작권보호는 총효용 Z을 $Z_1=3$에서 $Z_2=4$로 변화시키는 작용을 한 셈이다. 이처럼 춤의 저작권보호는 일정한 지점까지는 춤의 사회적 총효용을 증가시키는 가중치로 작용한다.

그런데 도표 6은 저작권보호의 수준을 X_2에서 X_4로 높이면 춤의 사회적 효용은 $Z_3=2$로 줄어드는 것을 표현하고 있다. 이런 감소는 춤의 레퍼토리가 가령 4개로 늘었어도 저작권인정에 따른 이용제한으로 각 인이 하나의 각 춤을 출 때 평균적 효용의 합계($Y=fa(X_4)$)가 가령 0.16으로 심각하게 줄어들었기 때문이다. 즉 $Z_3=0.16\times4\times3=1.92$, 약 2가 된다. 도표 6에서 보면 저작권보호는 춤의 사회적 효용에 작용하는 효과는 X_2까지는 늘다가 계속 줄어들게 됨을 볼 수 있다.

(2) 저작법정책의 방향

그러므로 저작권법이 춤의 사회적 총효용을 최대화해야 한다면, 법은 기존의 레퍼토리 이용을 제한함에 따르는 춤의 사회적 총효용의 감소분과 새로운 레퍼토리의 증가에 따른 춤의 사회적 총효용의 증가분을 합산하여 춤의 사회적 총효용을 증가시키는 방향으로 춤에 대한 저작권인정의 수준과 범위를 결정하여야 한다. 그런데 도표 6의 설명에서 보듯이 저작권보호 수준을 계속 높여나가면 춤의 사회적 총효용은 오히려 감소한다. 저작권인정에 의한 이용제한에 따른 효용감소의 폭이 레퍼토리 증대에 따른 효용증대의 폭보다 커지기 때문이다. 다시 말해 저작권보호가 지나치게 강화되면 춤의 사회적 총효용에는 마이너스효과가 발생한다.

여기서 법은 춤의 저작권 보호를 통해 춤의 사회적 총효용을 최대화시키기 위해서는 저작권보호의 수준이 적정해야 함을 알 수 있다. 이 '적정함'이란 도표 6의 설명처럼 수리적으로 계산될 수 없다. 효용이란 매우 주관적인 것이며, 춤의 이용제한이 얼마나 효용을 줄이는지, 저작권보호가 얼마나 많은 춤의 레퍼토리를 새롭게 생산하는지 등에 너무나 많은 변수와 너무나 큰 불확실성이 있기 때문이다. 그러므로 적정함이란 일종의 가치론적 개념이 될 수밖에 없다. 그런 개념을 '균형'이라는 '일반조항적 개념'으로 표현할 수 있다. 이를테면 법은 춤출 권리와 춤을 못추게 할 권리 사이의 균형을 이루게 해야 한다는 것이다.

2. 춤의 문화적 가치와 저작권의 내재적 한계

이처럼 법경제학적 사고에 힘입어 춤의 사회적 총효용을 최대화하는 저작권보호의 수준을 결정했다고 해서 그것이 바로 법이 되는 것은 아니다. 춤의 생산확대는 어느 정도 춤을 표준화하고, 그로 인해 춤의 본원적인 가치를 훼손시킬 수 있기 때문이다.

(1) 춤의 사회규범을 통한 춤의 문화와의 소통

여기서 본원적 가치는 "이성에 갇힌 몸을 '해방'시킴으로써 그 자체로서 이성법이 포착하지 못하는 인간의 다성성(多聲性)을 기호화"[11]하는 기능을 말한다. 그러므로 저작권법은 시민사회의 춤추는 문화를 섬세히 살피고 그것에 대한 존중을 잃어버리지 않아야 한다. 이런 문화의 존중은 현대사회에서 법이 정당성을 얻기 위해 요구되는 세 가지(정치적, 경제적, 도덕적) 합리성 가운데, 특히 도덕적 정당성에 관계한다. 도덕적 정당성이라고 할 때 도덕의 넓은 의미에는 사회규범(social norm)이 포함된다. 저작권법은 시민사회의 춤에 관련한 사회규범을 면밀히 관찰하고 고려해야 하는 것이다. 그런데 춤의 사회규범이란 춤의 문화에 침전된 행위규범들이며, 이 행위규범들은 법적 코드로 변환가능한 문화적 요소라고 할 수 있다. 법은 춤의 문화와 그 침전물로서 춤의 사회규범을 고려해야 한다. 법이 소통해야 할 춤의 시민문화는 무용전문가의 문화와 일반시민의 문화로 구별할 수 있다.

(2) 무용전문가의 문화

흔히 춤꾼들은 전통적으로 서로의 작품을 존중하되, 서로에 대해 소유권적 욕망을 발산하지 않는 문화를 갖고 있다. 소유적 욕망으로 춤을 대할수록 춤은 인간의 다성성을 발산하는 해방적 기능을 수행하기 어렵기 때문이다. 춤 이론가의 다음 말은 이를 대변해준다.

> "춤꾼이 춤을 춘다는 것은 그가 자신의 몸의 아름다움과 춤 기술을 자랑하기 위함이 아니라 자신의 온 몸과 영혼으로 남의 고통과

11) 앞의 [1]. IV 단락에서 내가 내린 정의임.

아픔을 들어주고 함께 그것을 극복하기 위한 삶과 예술의 통섭의 장을 주최하기 위함이 아닌가.[12)]"

다시 말해 춤꾼의 사회에서는 자신이 추는 춤이 해방적 기능을 수행하는 심미적 가치를 가졌다는 점에 대한 인정과 그 가치의 소통이 관심사였지, 돈이 1차적 관심사는 아니었다. 그러나 춤의 실행이 상업화되면서 춤은 심미적 문제이면서 동시에 금전적 문제로 변화되었다. 춤의 금전적 문제의 차원은 저작권법의 규율을 필요로 한다. 그럼에도 불구하고 무용계 종사자들 사이에는 춤의 금전화를 거부하는 관행들이 여전히 남아 있고, 이런 문화적 전통을 법은 존중하여야 한다. 다시 말해 다른 이가 창작한 춤을 사용할 자유에 관한 전승된 문화는 일종의 사회규범으로서 법이 저작권보호의 한계로 수용해야 한다는 것이다.

이런 저작권 인정에서 문화적 고정상수를 위 도표 6에서 M선이 표현하고 있다. 이 선과 A선이 교차하는 지점은 저작권보호의 수준은 X_3까지 갈 수 없음을 보여준다. 저작권보호는 X_2와 X_3의 중간 지점을 넘어설 수 없다.

가령 발레를 구성하는 기본동작(예: 쥬떼 · 앙뜨르샤 · 아라베스크 등)은 발레인 사이에서 누군가 다소 변형을 통해 창의적 요소를 가미하였다고 하더라도 저작권을 주장할 수가 없다. 그것은 문화적 자산으로서 함께 누리며, 더 다양한 발레의 미학적 가치를 창출하는 데 함께 쓸 수 있어야 한다. 이를 법적 의미의 공유(공동소유)가 아니라 문화적 자산의 공유라는 의미에서 춤의 공

12) 조기숙, "춤의 새로운 비전을 위한 고찰. 몸의 체험을 기반으로 한 연구와 성찰을 위하여", *한국무용기록학회* (제17권, 2009), 180쪽.

유영역(public domain)이라고 할 수 있다. 여기서 춤의 저작권은 "춤의 공유영역과 재산적 영역 사이의 균형"(balanced public/proprietary domains)[13]을 도모해야 한다고 말할 수 있다.

(3) 일반인의 문화

이런 문화적 공유의 영역은 무용전문가 사회에서만 있는 것은 아니다. 일반인들 사이에 다른 사람이 창작한 춤을 비록 창작자에게 저작권이 인정되는 경우일지라도 자유롭게 사용하는 생활문화가 있다. 가령 무용 학원에서 아이들에게 타인이 창작한 무보를 나누어 주고 교육한다든지, 축제나 파티에서 상당수의 사람들이 저작권이 인정되는 타인의 춤을 추는 것은 시민들의 삶을 구성하는 문화이다. 이런 경우도 춤은 시민들의 생활문화에서 공유된 자산이 되며, 저작권은 이에 미치지 않는다. 이런 생활문화에 침전된 사회규범을 영미법계는 주로 공정이용(fair use)의 법리에 의해 구체화한 반면, 독일법계는 저작권을 제한하는 공익적 사용의 법리로 구체화한다. 우리나라 저작권법은 이 둘을 혼합하고 있다. 공정이용법리처럼 개인의 "사적 이용"(제30조)에 대하여 저작권을 배제하고, 공익적 사용의 법리처럼 재판(제23조), 공개적인 정치적 연설(제24조), 학교교육 목적(제25조), 시사보도, 비평(제26조) 등의 공익목적으로도 저작권을 제한한다. 그런데 춤의 문화에서 보면 공정이용과 공익목적이용 사이의 경계는 사라진다. 개인이 춤을 사적으로 사용하는 것은 춤의 본원적 기능에서 볼 때 공익성을 띠는 것이기 때문이다.

---

13) 이런 균형을 춤의 저작권이 지향해야 한다고 보는 견해로 Joi Michelle Lakes, "A PAS DE DEUX For Choreography and Copyright", *New York University Law Review* (Vol. 80, 2005), 1857쪽.

Ⅲ. 춤을 감금하는 법의 보호논리

법이 춤의 권리를 보호하는 듯하지만, 실제로는 춤을 감금하는 방향성을 가질 수도 있다. 현행 저작권법은 춤의 법적 개념을 정의하지는 않지만, 저작물을 "인간의 사상 또는 감정을 표현한 창작물"(저작권법 제2조 1호)로 개념화하고, 이런 저작물에는 "연극 및 무용·무언극 그 밖의 연극저작물"(제4조 제1항 3호)이 포함된다고 규정한다.

1. 스토리텔링적 성격

춤은 흔히 뮤지컬이나 오페라 또는 팝음악공연에서 다른 저작물과 결합되어서 실행된다.

(1) 결합저작물의 숨겨진 논리

그래서 대법원은 이를 '결합저작물'이라는 개념으로 이해한다. 예컨대 뮤지컬은 "저작물의 창작에 관여한 복수의 저작자들 각자의 창작활동의 성과를 분리하여 이용할 수 있는 경우",[14] 즉 결합저작물이다. 대법원은 뮤지컬에서 결합 사용된 음악과 춤을 분리하여 (안무가에게 귀속될 수 있는) 저작권을 인정한다. 이로써 대법원이 의도하든 않든 연극저작물이 상위개념이고 연극, 무용,

14) '사랑은 비를 타고'라는 뮤지컬에서 대법원(大決 2005.10.04., 2004마639)은 제작자나 연출자가 뮤지컬의 전체에 대하여 단일한 저작권을 갖는 것이 아니라 뮤지컬을 구성하는 개별 저작물마다 별개의 저작권이 성립한다고 하였다. 즉 뮤지컬에 창작성 있는 춤이 포함되었다면, 그 춤의 저작권은 안무가에 속하게 됨을 판시하였다.

무언극이 예시적인 하위개념이라고 볼 여지가 생기게 된다. 이렇게 되면 춤은 1947년도 미국의 저작권청(the Copyright Office)이 처음으로 무보(舞譜)에 대해 저작물 등록을 받아주면서 내걸었던[15] 전제조건, 즉 춤은 연극적 또는 연극-음악적 구성물일 것어야 한다는 조건이 우리나라 법에서도 설정된다. 그러니까 무보(舞譜)는 어떤 진지한 스토리를 갖고 있어야 한다는 것이다. 물론 많은 춤들은 나름의 스토리텔링을 한다. 심지어 말하지 않는 춤, 판토마임도 스토리텔링을 갖고 있기도 하다.

(2) 스토리텔링으로부터 해방

그러나 이런 요청에 따르면 추상적인 현대무용, 특히 포스트모던 무용들은 아무리 고유한 창작춤이라 할지라도 저작권의 대상이 될 수 없게 된다. 사실 스토리텔링적 요소의 전형은 발레에서 찾을 수 있다. 발레는 호두까기인형, 백조의 호수 등과 같이 탄탄한 스토리텔링의 구조를 갖고 실행되고, 그 스토리텔링은 일정한 사회(윤리)적 가치를 머금고 있다. 그러므로 스토리텔링의 요청은 사실상 춤이 일정한 사회적 가치를 가질 수 있을 때에만 춤의 저작권을 인정하게 만든다.

그러나 춤에게 일정한 사회적 가치를 생산해낼 것을 요구하는 것은 춤의 본질적 특성에 맞지 않다. 춤은 오히려 기존의 사회적 가치 체제 아래서 억압되는 인간의 본성적 욕구를 해방시키려는 몸짓이기 때문이다. 가령 브레이크댄스, 특히 얼음동작(freeze)은 기존의 가치체제에 대한 전복적 의미를 발산하는 몸

---

15) 이에 관해 Cheryl Swack, "The Balanchine Trust: Dancing Through the Steps of Two-Part Licesing", *Spots & Entertainment* (6 Vill, 1999), 265, 273쪽.

짓을 한다. 브레이크댄스가 오늘날 전 세계의 하부문화를 소통시키는 대표적인 춤으로 자리잡고 있음을 기억해보면, 춤에게 저작권 부여를 위한 조건으로 스토리텔링과 일정한 사회적 가치의 생산을 요구하는 것은 옳지 않다.

2. 윤리적 상당성

이처럼 춤의 사회적 가치에 대한 요청의 강한 버전은 춤에게 윤리적으로 상당할 것을 요구하는 것이다.

(1) 유용한 예술의 요구

그 예로 미국연방헌법 제1조의 해석을 들 수 있다. 1909년 미국 저작권법(the Copyright Act)은 춤에 대하여 저작권을 인정하지 않았다. 그 이유는 저작권의 근거조항인 연방헌법 제1조는 "과학과 유용한 예술(useful arts)"에 대해서만 그 작가에게 작품에 대한 배타적 권리를 제한적 기간 동안 보장하고 있는데, 춤은 유용한 예술에 해당하지 않는다고 보았기 때문이었다. 춤의 유용성에 대한 회의는 댄스치료(dance theraphy)가 날로 발전하고 있는 오늘날의 관점에서 보면 상상하기조차 어려운 일이다. 그러나 당시 저작권법의 입법자들은 '유용한'의 개념을 주로 '윤리적으로 상당한'(morally proper)의 의미로 이해하였다.[16] 당시 입법자들은 춤은 부도덕한 예술형식이라고 바라보았고, 그렇기 때문에, 춤에 저작권을 인정할 여지가 없었던 것이다. 이는 춤출 권리를 박탈한 근대화의 역사, 그 끝자락에서 일어난 일이다.

16) Kathleen Abitabile and Jeanette Picerno, "Dance and the Choreographer's Dilemma: A Legal and Cultural Perspective on Copyright Protection for Choreographic Works", *Campbell Law Review* (Vol. 27, 2004-2005), 41쪽.

(2) 합법과 불법의 경계표

저작물의 도덕적 가치에 대한 요구는 저작물의 내포를 형성하는 기능으로부터 합법적인 저작물의 외연, 즉 불법적인 저작물과의 경계를 설정하는 기능으로 옮겨지긴 했지만, 오늘날까지도 알게 모르게 유지되고 있다고 볼 수 있다.[17] 춤의 합법과 불법 사이의 경계표로서 기능하는 '윤리적 상당성'은 매우 주관적인 가치에 의해 그 내용이 채워지는 개념, 즉 가치충전필요개념(wertausfüllungsbedürftiger Bergriff)이다. 이 개념으로 헌법상 보호되는 예술로서의 춤과 그렇지 않은 춤을 구별하는 것은 그 자체로서 예술의 자유(헌법 제22조 제1항)를 침해한다.

3. 춤의 비교법적 이해

저작권법의 보호를 받을 춤을 가치론적 또는 의무론적으로 제한하는 것은 춤의 현상에 맞지 않는다.

(1) 무용저작물의 독립규정

무용인들 스스로 무용을 넓은 의미의 연극에 포함된다고 보기도 한다.[18] 그러나 이는 그런 관점이 법적으로 춤을 가치론적으로 제한하는 기능을 알지 못한 데서 비롯된다. 춤의 연극화를 통해 춤에게 스토리를 요구하는 태도는 한편으로는 춤을 보호해주면서

17) 가령 인기그룹 포미닛이 2011년 '거울아 거울아'를 부르면서 쩍벌춤을 추는 것이 윤리적으로 상당하지 않다고 하여 방송에서 금지된 바 있다. 쩍벌춤이 아마도 성윤리적 단정함을 깨뜨리는 인상이 짙었기 때문일 것으로 추측된다. 이럴 경우 쩍벌춤에 대한 저작권은 다른 인정요건을 충족하더라도 인정되기 어려울 것이다.

18) 무용 전공자들을 대상으로 한 실증적 조사에 의하면 무용이 연극에 포함된다고 보는 사람은 56.1%이며 포함되지 않는다고 보는 사람은 43.9%에 이른다고 한다. 이 조사분석은 조난경, "무용수들의 무용저작권 인식도 연구"(고려대 석사학위논문, 2003)의 결과이다.

다른 한편으로는 법의 보호를 받으려면 윤리적으로 상당해야 한다는 식으로 춤을 감금하는 양면적인 기능을 발휘한다. 그러므로 현행 저작권법 제4조 제1항은 무용을 "연극 및 무용·무언극 그 밖의 연극저작물"(3호)로 규정하지 말고, 무용을 2호의 음악저작물, 4호의 미술저작물처럼 별개의 호로 규정하는 것이 바람직하다. 그렇게 할 때 춤의 스토리텔링적 요청은 삭제될 수 있기 때문이다.

2011년 한국 저작권법상의 저작물	1976년 미국 저작권법상의 저작물
제4조 제1항	section 102 (a)
1. 소설·시·논문·강연·연설·각본 그 밖의 어문저작물	(1) literary works;
2. 음악저작물	(2) musical works, including any accompanying words
3. 연극 및 무용·무언극 그 밖의 연극저작물	(3) dramatic works, including any accompanying music;
4. 회화·서예·조각·판화·공예·응용미술저작물 그 밖의 미술저작물	(4) pantomimes and choreographic works;
5. 건축물·건축을 위한 모형 및 설계도서 그 밖의 건축저작물	(5) pictorial, graphic, and sculptural works;
6. 사진저작물(이와 유사한 방법으로 제작된 것을 포함한다)	(6) motion pictures and other audiovisual works;
7. 영상저작물	(7) sound recordings; and
8. 지도·도표·설계도·약도·모형 그 밖의 도형저작물	(8) architectural works
9. 컴퓨터프로그램저작물	

(2) 미국 저작권법

이런 입법태도는 1976년의 미국 저작권법 section 102[19]에서

19) § 102. Subject matter of copyright: In general (a) Copyright protection subsists, in accordance with this title, in original works of

이미 실현된 바 있다. 1976년 미국 저작권법 section 102 (a)(3)은 처음으로 춤을 (판토마임을 포함하여) 음악((a)(2))이나 연극((a)(3)) 등과는 별개의 예술형태로 바라보고, 무보는 저작물(즉 무용저작물, choreographic works)이 될 수 있음을 규정하였다. 이런 규정은 비록 무용저작물의 개념을 정립하지는 않음으로써 이후 무용저작물의 범위에 대한 논란을 남겨놓았지만, 바로 그렇기 때문에 저작권보호의 대상이 되는 춤에 어떤 가치론적 제한을 두지 않은 결과를 가져오기도 했다. 또한 당시 춤의 저작권은 세 가지 요건 ① 무용저작물(choreographic works)일 것, ② 고유한(original) 것일 것, ③ 어떤 유형의 매체에 표현되었을 것의 요건을 충족할 때 인정되었다.

여기서 고유성은 우리나라 저작권법에서는 '창작성', 유형의 매체에 표현되는 것은 '유형물'의 개념으로 바꿀 수 있다. 이런 요건을 종합해서 말한다면, 무용저작물은 '유형물에 기록된 창작적인 춤'이 된다.

Ⅳ. 춤의 고유성과 법적 창작성

춤에 저작권을 인정하려면 그 춤이 고유한 춤이어야 한다. 법은 이를 창작성의 개념으로 파악한다. 그러나 고유성의 판단은 매우 어려운 문제이다. 춤이 본원적으로는 일회적인 고유성을 지

---

authorship fixed in any tangible medium of expression, now known or later developed, from which they can be perceived, reproduced, or otherwise communicated, either directly or with the aid of a machine or device. Works of authorship include the following categories.

닌 퍼포먼스라면 어떤 춤도 고유한 것이고, 따라서 누구도 다른 사람에게 그(녀)의 춤이 자신의 춤의 고유성을 해친다고 말할 수는 없다. 그러니까 모든 춤은 — 아무리 다른 사람의 춤을 따라 하고, 무보를 실연한다고 하더라도 — 매번 스스로 고유하다는 것이다. 저작권법은 이 근원적 고유성을 인위적으로 제쳐놓고, 누구나 고유한 춤을 출 때 전범(典範)으로 삼을 만한 미학적 구조를 만들어내는 사람에게 경제적 인센티브를 부여하여 모든 사람들의 춤추기에 유용한 전범을 더 많이 만들어내려고 하는 것이다. 이처럼 춤출 자유를 억압하면서 춤출 자유를 확대하는 역설적인 목적을 위해 법은 춤을 어떻게 개념화해야 하는가? 그런 개념의 내포는 주로 춤의 내향적(intrinsic) 이해의 방식으로 구성되지만, 개념의 외연은 주로 외향적(extrinsic) 이해의 방식으로 구성된다.

1. 춤의 아포리아적 외연

법은 창작활동에 인센티브의 기제를 체계적으로 형성하기 위해 다른 저작물과의 유형적 구별을 필요로 한다.

(1) 춤의 학술적 개념들

그러면 춤의 외연은 어디까지인가? 춤이 체조나 쿵푸 같은 무술동작이나 연극과는 다른지 같은지, 다르다면 판토마임은 춤인지 연극인지 등등. 이러한 구별에 관한 물음은 꼬리에 꼬리를 문다. 언어이론적으로 보면 한 단어의 내포와 외연은 상호적으로 구성한다. 단어의 외연은 그 내포적 특성을 가진 대상들의 집합이고, 내포는 외연에 포함되는 대상들이 공통으로 가진 특성인 것이다.

여기서 단어의 내포를 잠정적으로 설정한 다음 단어의 외연을 설정하는 연역적 방법을 취해볼 수 있다. 그러나 춤의 내포는 외연을 그려줄만큼 명확하지 않다. 학술적인 견해를 살펴보아도 혼돈의 상태에 있다. 몇 가지 예를 들어보자. 춤의 외연을 설정하기 위해 가장 흔하게 잠정적으로 선택되는 춤의 내포적 특성으로 ① 사상성과 ② 예술성, ③ 형의 미학성이 있다. 이를테면 ① 춤을 '사상이나 감정을 독특한 형태를 지닌 유기체로 구체화'[20]하는 것으로 봄으로써 춤과 운동을 구별한다. 또한 ③ 예술성을 강조하여 '오락적 요소'가 강한 춤(예: 사교댄스)과 '경기적 요소'가 강한 춤(예: 체조, 피겨스케이팅)을 춤에서 배제시키기도 한다.[21] 더 나아가 ④ 일련(一連)의 형(形)이 실연되는지를 춤의 내포적 특성의 중심으로 삼아[22] 판토마임을 춤에 포함시키기도 한다.

(2) 춤 개념의 아포리아

그러나 첫째, 분석적으로 살펴보면 춤만이 아니라 모든 저작물이 "인간의 사상 또는 감정을 표현한 창작물"(저작권법 제2조 1호)이다. 스포츠도 사상이 담겨져 있다. 또한 춤을 특정한 사상의 표현으로 보는 것은 위험한 발상이다. 춤은 사상으로부터의 해방을 지향할 수도 있기 때문이다. 둘째, 예술성 기준도 넌센스다. 피겨스케이팅이 (발레동작 등을 제외하고 순수하게 기술적인 구성부분만을 보더라도) 탱고보다 예술성이 못하지 않다고 보는

20) 육완순, *안무* (이화여자대학교출판부, 1984), 10~11쪽.
21) 송영식 · 이상정 · 김병일, *지적재산권법* (세창출판사, 2007), 234쪽.
22) 윤선희, *지적재산권법* (세창출판사, 2007), 401쪽.

사람들도 많다. 셋째, 형(形)의 미학도 마찬가지이다. 판토마임만이 형이 있고, 원형, 직사각형, 세모형 등 다채로운 형을 만드는 배구선수의 동작은 형의 미학이 없다고 할 수 없다. 세계적인 스피드스케이트 선수 이승훈의 팔다리동작이 그리는 형은 아름다움의 극치를 이루기도 한다. 이렇게 보면 앞서 제시된 학술적인 잣대들은 춤의 미학적·철학적 가치성을 강조하는 수사학들에 불과하다. 게다가 이 수사학들은 서로 다른 범위의 외연을 설정한다. 그 수사학적 기준들 사이의 우열을 가리는 기준이 없이는 서로 다른 범위의 외연을 통일할 수도 없다. 그렇기에 춤의 외연을 설정하는 일은 해결할 수 없는 아포리아(Aporia)와 같다.

(3) 춤과 춤 아닌 것 사이에

현재로서 춤의 외연을 정하는 법적 개념을 만들기는 거의 불가능할 것으로 보인다. 그러므로 실용적으로는 시민사회에서 어떤 몸짓이 춤으로 수용되어 있는지를 종합적으로 살펴 춤인지 여부를 결정할 수밖에 없다. 유사한 패턴의 몸짓을 하는 사람들이 결성한 단체가 무용협회에 속해 있는지 아니면 체육협회에 속해 있는지와 같은 체계적 요소와 그 춤을 추는 사람들의 집단적 자의식, 시민들의 반응 등을 종합하여 판단할 수밖에 없다. 그러나 이런 결정에도 불구하고 간과되어서는 안되는 점은 그런 춤의 외연은 단지 법의 목적을 달성하기 위한 편의적인 것에 불과하다는 점이다. 즉, 춤의 외향적 가치를 인간의 다성성을 표현하는 해방적 몸짓에서 바라본다면, 춤은 특정한 외연에 갇히는 것을 거부한다. 새로운 춤은 새로운 장르에서 발생하기도 한다. 예컨대 즉흥접촉춤은 발레의 춤동작과 쿵푸라는 무술의 동작이 결합되어 생성된 측면도 있다고 한다. 태권무는 태권이라는 운동이 춤이 된 것이다. 이처럼 본원적인 춤은 '춤과 춤이 아닌 것, 그 사이에서(inbetween)' 생성되는 것이다.

2. 춤의 내향적 구조와 고유성

춤의 저작권을 인정하기 위해서 요구되는 춤의 창작성은 그 춤의 고유성(orginality)이다. 이 개념의 구체화는 춤의 내향적인 미학적 구조를 파악하는 개념들의 체계화를 통해 이루어질 수 있다.

(1) 동작과 패턴의 구성과 배치

춤의 내향적·미학적 구조를 파악하는 개념화의 중요한 발전은 1984년 미국 저작권청의 지침인 Compendium II of Copyright Office Practices에서 이루어졌다. 이 지침은 춤을 "춤의 동작과 패턴을 연결하여 배열한 것이다(the composition and arrangement of dance movements and patterns). 춤은 특정 리듬과 공간의 관계 속에서 몸으로 행해지는 일련의 정적·동적 동작의 연속이다"[23]라고 정의한다. 이런 개념에 의하면 사교춤의 스텝(Social Dance Steps)이나 단순하게 정형화된 스텝(Simple Routines), 이를테면 왈츠나 허슬의 스텝, 발레의 자세 등은 춤의 고유성을 구성하지 않으므로 저작권의 보호대상이 되지 않는다. 이런 요소들에 저작권을 인정한다면 춤의 창작이 오히려 심각히 저해될 것이다.[24] 그렇기에 이런 요소들은 문화적으로 공동의 자산(공유의 영역)으로 남아 있어야 한다. 이를 바꿔 말하면 춤에서 동작

23) U.S. Copyright Office, Compendium II of Copyright Office Practices §450.01.

24) 이런 입장으로 서재권, "무용의 저작권법적 보호범위에 관한 고찰", *한국무용기록학회지* (제16권, 2009), 66~67쪽.

은 저작권보호가 되지 않는 춤의 아이디어와 같은 것이 된다.

(2) 표현적 요소

그러나 동작과 패턴을 지금까지의 방식과는 다르게 연결하여 배열했다고 춤의 고유성(창작성)이 인정될 수 있을까? 저작권법은 그런 연결과 배치가 사상이나 감정을 표현해야만 저작물이 된다고 본다. 이 점에서 춤은 스포츠와 구별된다고 한다. 그러나 첫째, 사상이나 감정의 요소가 담겨져 있다는 것은 중요하지 않다. 왜냐하면 동작이나 자세에도 이미 사상이나 감정이 담길 수 있기 때문이다. 춤의 첫 몸짓으로서 기본자세만으로도 이미 많은 생각들을 연상시킬 수 있다. 둘째, 그렇기에 '표현적 요소'가 춤의 고유성을 근거짓는다. 하지만 이 표현적 요소를 독창적인 형(形)으로만 해석[25]할 필요는 없다. 춤의 표현은 물론 형을 사용하지만, 기계체조도 독창적인 형을 만들어내기 때문이다. 또한 즉흥접촉춤에서 보듯 형의 요소보다 접촉의 연속성이 심미적 연원이 되는 경우도 있다. 여기서 지금까지 고유성(창작성)의 개념화는 '표현'이라는 요소에서 한 걸음도 더 나아가지 못하고 있음을 알 수 있다. 그러므로 "몸의 자세와 공간적 배치를 통하여 시간 속에서 진행되는 한 명 또는 수 명의 무용수의 움직임의 계획된 흐름에 의해 나타나는 안무가의 표현(expression)"[26]이라는 개념 정의가 지금까지 나온 것 중에 가장 종합적이며 지혜로운 개념 정의일 듯하다.

---

25) 이런 입장으로 서재권, 앞의 논문, 68쪽.

26) Joi Michelle Lakes, "A PAS DE DEUX For Choreography and Copyright", *New York University Law Review* (Vol. 80, 2005), 1858쪽.

(3) 새로운 춤의 정의

하지만 이 개념정의 역시 다소 불분명하고, 춤의 본원적 의미와 기능을 담기에 불충분한 점이 있다. 그래서 나는 다음과 같이 춤의 개념을 재구성해본다.

1) 시공간성 첫째, 춤은 구조적으로는 몸의 부분들을 시·공간적으로 배치하여 자세를 만들고, 자세들을 시·공간적으로 배치하여 동작을 만들며, 동작들을 시·공간적으로 배치함으로써 만들어진다. 그러니까 몸, 자세, 동작의 계속되는 시·공간적 배치는 춤의 내향적 '구조'이며, 이 구조는 춤의 필수조건이다. 따라서 시·공간적 배치가 다르면 동작이 같은 형(形)을 띠고 있어도 같은 춤이 되지 않는다.

> **[동작의 공유]** K-pop의 한류가 아시아를 넘어 전 세계로 확산되기 시작한 2011년의 한국 아이돌들의 춤을 보면 창작된 동작을 공유하는 경우가 상당히 많다. 가령 새로 결성된 쥬얼리가 Pass를 부를 때 '몸을 정지한 상태에서 오른쪽 다리를 바닥에 붙여 발을 좌우로 끄는' 매우 인상적인 동작을 보여주었는데 이 동작은 두어 달 뒤 G그룹의 춤에 다소 짧고 완화된 모습으로 사용된다. 이 동작이 설령 쥬얼리의 안무가가 매우 창의적으로 만든 것이라고 할지라도 이 동작만에 대하여 저작권을 인정할 수 없다. 그러므로 G그룹의 춤은 저작권 침해가 되지 않는다. 뿐만 아니라 그 동작이 사용되는 패턴이나 전체 공연과정에서의 배치가 쥬얼리의 그것과 다르다는 점에서 그 공연의 고유성이 훼손되지는 않는 것이다. 여기서 쥬얼리 안무가가 창작한 동작은 K-pop을 이끄는 안무가 사회에서는 대중문화적인 공유의 자산이 된다.

2) 결정불가능한 표현성 둘째, 이런 구조의 몸짓이 춤이 되게 만드는 것, 즉 춤의 충분조건은 몸, 자세, 동작에 대한 각각의 시·공간적 배치가 일정한 표현을 수행한다는 것이다. 이때 이 표현은 사상이나 감정의 의식적인 작용결과일 수도 있지만, '무의식'의 외부화일 수도 있다. 발레처럼 형(形)을 가질 수도 있고 즉흥춤이나 병신춤처럼 형을 가지지 않을 수도 있다. 또한 표현은 정치적인 것일 수도 있고, 비정치적인 것일 수도 있으며, 아름다울 수도 있고, 추할 수도 있다. 여기서 표현의 대상이나 내용은 결정될 수 없다. 이를 데리다의 용어를 빌리면 "결정불가능성(indécidabilité)의 시련"[27](the ordeal of undecidability)이라고 부를 수 있다. 이처럼 근본적으로 결정불가능성에 시달리는 춤의 표현성이 사진 한두 컷에 의해 침해될 수는 없다.

> 호두까기인형 사건에서 책자에 실린 사진 한 컷이 Balanchine이 안무한 호두까기인형의 발레 전체 가운데 (1심처럼) 정지된 동작 하나를 담고 있다고 보아야 하는지 아니면 (항소심처럼) 하나의 동작보다 많은 것, 예컨대 동작과 패턴의 구성과 배치를 담고 있다고 보아야 하는지 자체는 결정내리기 어렵다. 그러나 어떤 관점에서든 상관없이 그 사진이 보여주는 것들은 Balanchine이 그 동작과 패턴의 흐름을 통해 수행한 표현을 재현해주지는 못한다. 따라서 책자의 사진들이 호두까기인형의 무용저작권을 침해한다고 볼 수 없다.

3) 이탈성 셋째, 하지만 몸, 자세, 동작의 시·공간적 배치가 일정한 표현을 수행하기 위해서는 그 배치가 일상생활에서 행하는 몸, 자세, 동작의 시·공간적 배치의 규칙을 깨고, 그 규

27) John D. Caputo, *Deconstruction in a Nutshell: A Conversation with Jacques Derrida* (Fordham University Press, 1997), 138쪽.

칙들로부터 이탈하는 것(해방성)을 지향해야 한다.

[포스트모던 춤의 개념] 포스트모던 춤(Postmodern Dance)의 개념을 정의내리긴 어려우나, (기능에 대해 우위를 갖는) 형식주의, 춤의 모든 구성요소들 사이의 동가치성, 새로운 방식의 춤에 대한 관객의 기대, 춤의 맥락성 중시 등을 들 수 있다.[28] 춤의 맥락성을 중시하는 관점에 따르면 춤이 춤이 되는 것은 춤의 구성요소들의 독립된 가치 때문이 아니라 그 맥락 때문이라는 것이다. 그러므로 포스트모던 춤에서는 일상의 동작들도 춤의 실연과정에 제한없이 들어올 수 있다. 하지만 예컨대 단순히 걷는 일상동작이 들어오더라도 그것은 일상성을 '낯설게' 하는 특수한 배치 속에서 이루어지며, 그런 점에서는 여전히 일상이탈성의 요소가 포스트모던 춤에도 유지된다고 할 수 있다. 다시 말해 일상이탈성이 전통적인 춤 또는 모던 춤에서는 신체의 자세나 동작과 같은 물리적 특수성에서 비롯되는 반면, 포스트모던 춤에서는 몸짓이 이루어지는 상황의 맥락적 의미구조 속에서 이루어지는 차이가 있을 뿐이다.

이 일상이탈성은 춤이 인간의 다성성을 기호화하는 본질적 기능에 부합하는 것이기도 하다. 결론적으로 춤이란 결정불가능한 표현을 수행하는 몸, 자세, 동작의 (일상)이탈적인 시·공간적 배치이다. 여기서 시·공간성, 표현성, 이탈성은 춤의 내향적 미학적 구조를 이루는 축이 된다.

4) 차이성 그러나 이런 춤의 개념은 단지 춤의 고유성이 자리잡는 터가 될 뿐이다. 춤의 미학적 구조 위에서 춤이 저작권

28) 이에 관해 자세히는 로버트 앳 우드·노베르트 제르보스 (김기란 역), "포스트모던 춤과 탄츠테아터의 비평적 정의", *공연과 리뷰* (제52호, 2006), 233~243쪽 참조.

이 인정될 수 있을 정도로 고유한 것이 되려면 지금까지 전승되어 온 그리고 현존하는 춤과 '다른 것'이어야 한다. 다르다는 것은 마치 특허의 요건이 되는 발명처럼 이 세상에 처음 태어난 것, '새로운 것'(novum)일 필요는 없으나 다른 것들과 구별되는 차이성이 있어야 함을 뜻한다.

[춤의 새로움과 창작성] 무용학자는 발명의 요건과 저작권의 요건을 차별화하지 못하므로 춤의 다름을 새로움과 같은 개념으로 사용한다. 하지만 무용학에서도 춤의 새로움을 판단하는 객관적 잣대가 있지는 않다. 여기서 춤의 새로움은 "출처나 발견의 문제가 아니라 설명과 해석의 문제"[29]가 된다는 견해는 주목할 만하다. 가령 매튜 본(Matthew Bourne)의 <백조의 호수>는 19세기 백조의 호수와 다른 여섯 가지의 문화코드, 이를테면 '남자 백조'라는 양성성(androgyny)의 인물유형을 중심으로 '금기시된 사랑의 코드', '풍자 코드', '탈 고정관념의 코드', '사실주의적 코드', '성(sexuality) 코드', '현실과 이상에 관한 보편적 코드' 등의 새로움을 갖고 있다는 식으로 설명[30]할 수 있다. 물론 문화코드의 차이만으로 저작권의 창작성을 인정할 수는 없다. 그런 문화코드가 춤의 신체적 동작의 표현양식과 결합될 수 있어야 하고, 저작권등록을 위해서는 그 점이 무보에 의해 텍스트화될 수도 있어야 한다. 창작성이 높이 평가되는 또 다른 예로 최승희의 <보살춤>을 들 수 있다. 이 춤은 "불교의 자비를 표현하는 보살의 정적 이미지와 동양적 아름다움을 새로운 신체의 리듬과 에포트 및 공간적 형태로 창조하여 최승희 자신만의 문화적 정체성을 표현했다."[31]고 평가된다. 이처럼 춤의

29) 조기숙, "무용창작에서 '새로움'에 대한 철학적 고찰. 미셀 포킨의 발레개혁을 중심으로", *한국무용기록학회* (제19권, 2010), 61쪽.
30) 이런 분석으로 안나용, "매튜 본의 <백조의 호수>의 문화코드 연구", *한국무용기록학회* (제16권, 2009), 107～143쪽 참조.
31) 신상미, "도상학적 해석을 통한 최승희의 <보살춤> 창작기법 연구", *한국무용기록학회* (제10권, 2006), 66쪽 참조. 여기서 이해를 돕기 위해 신상미 교

고유성이 설명과 해석의 문제라면 춤의 고유성 판단에는 무용이론가나 무용비평가와 같은 전문가들의 의견이 매우 중요해질 수는 있다.

이런 요건은 춤이 인간의 다성성을 기호화하는 몸짓이라는 점에서 춤의 고유성 개념에 필수적인 것이다.

그러므로 춤의 저작권은 기존의 춤과 다른 몸, 자세, 동작, 다른 시·공간적 배치, 다른 표현성과 다른 일상이탈성이 있어야 한다. 이제 춤의 저작권 보호를 위한 요건을 다시 종합해보면 시·공간성, 표현성, 이탈성 그리고 차이성으로 구조화할 수 있다. 여기서 일상이탈적인 몸, 자세, 동작의 시·공간적 배치가 일종의 입력(input)이라면 표현과 차이는 일종의 출력(output)이라고 볼 수 있다. 도표 7은 이상의 설명을 구조화하여 보여준다.

수의 분석을 좀더 인용해보면 "첫째, 신체의 사용에 있어서 보살불상은 앉아있는 평면적 자세에서 2차원적인 손의 제스처를 사용한 반면, 「보살춤」은 서있는 자세에서 3차원적이고 입체적인 팔과 다리의 포스처와 제스처를 사용하였다. 둘째, 에포트의 측면에서 보살 불상의 이미지는 간접적인 공간에 포트와 가볍고 간접적인 두 가지 에포트가 조합되어 평면적 자세를 보인데 반해 「보살춤」은 시선을 강하게 바라보고, 빠르고 직접적이면서 가볍게 살짝 돌려 톡 치는 세 가지 에포트가 조합되어 입체적인 움직임을 보였다. 셋째, 공간적인 측면에서 보살 불상은 테트라히드론적 도형을 그리는 포스처와 제스처의 이미지로 안정적인 느낌을 주는데 반해 「보살춤」은 3차원적 큐브 도형을 그리는 포스처와 제스처의 이미지로 표현적이며 역동적인 느낌을 주었다. 또한 공간적 긴장(Spatial Tension) 면에서 보살불상은 중심적 긴장(Central Tension)을 사용하여 집중하는 느낌을 연출한 반면, 「보살춤」은 원거리 긴장(Periphral Tension)을 사용하여 4차원적 공간의 꿈 같은 느낌을 연출하였다."(앞의 논문, 같은 쪽)

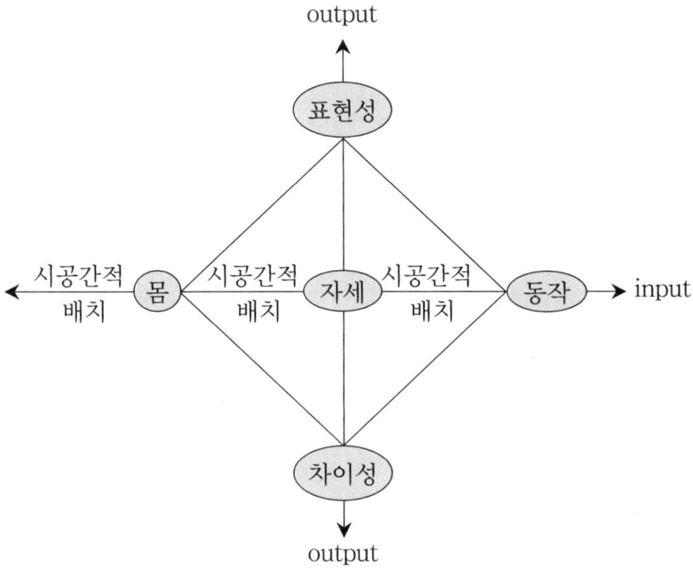

도표 7: 춤의 법적 개념구조

춤의 표현성이나 차이성은 춤에 문외한인 법관에 의해 판단되기 쉽지 않다. 그렇기 때문에 안무가와 같은 전문가들에 의해 결정되어야 한다는 주장이 성립한다.[32] 물론 춤의 저작권을 판단할 때, 춤이론가나 춤비평가의 의견을 고려하여야 한다. 하지만 안무가들도 식견이 있을 뿐 춤의 표현성이나 차이성에 대한 판단에서 그들 나름의 다양한 차이를 보이게 마련이다. 따라서 법원은 안무가들을 감정인으로 활용하여, 그리고 춤의 저작권보호에

32) 이런 관점을 앞의 호두까기인형 사건에서 뉴욕지방법원의 판결을 비판하는 관점으로 제시하는 Kathleen Abitabile and Jeanette Picerno, "Dance and the Choreographer's Dilemma: A Legal and Cultural Perspective on Copyright Protection for Choreographic Works", *Campbell Law Review* (Vol. 27, 2004-2005), 46쪽 참조.

대한 법정책적 전망[33]을 갖고 스스로 판단을 내릴 수밖에 없다.

V. 춤의 텍스트화와 저작권등록

아무리 고유하게 창작된 춤이라도 그것이 저작권으로 등록되지 않는 한, 저작권을 행사하기가 매우 어렵다. 왜냐하면 등록이 되어 있지 않으면 누가 먼저 그 춤을 창작했는지에 대한 주장이 갈리고 모두가 매우 소모적인 입증의 경쟁에 빠지게 되기 때문이다. 게다가 이 입증의 경쟁에서 승패는 매우 불확실하다.

1. 춤의 본원적 고유성과 상업성의 타협

저작권등록을 하려면 창작된 춤이 유형물에 고정되어 있어야 한다. 이를 바꿔 말해 창작된 춤의 텍스트화라고 할 수 있다.

(1) 텍스트화를 배척한 춤의 문화

춤의 저작권은 이 텍스트화의 요건을 얼마나 엄격하게 설정하느냐에 따라 사실상 그 범위가 크게 좌우된다. 그러나 전통적으로 무용인들은 자신이 창작한 춤을 정확하게 기록하지 않아왔다. 창작아이디어를 메모하는 수준에서 기록하고 바로 리허설을 통해서 춤을 실연시키는 연습을 한다. 또한 이미 창작된 춤의 전수도 안무가가 직접 지도하는 방식으로 이루어진다.

> 가령 무용인들에게 무용저작권을 가르쳐 주고, 다음과 같은 질문을 던진다고 가정해보자: "당신이 창작한 춤에 관해 모든 것은 문서로

33) 앞의 II. 참조.

자세히 기록해 놓았고, 그 기록에 따라 내가 만드는 무대의 무용수들이 정확하게 재현하는 춤을 추게 하려고 합니다. 보상은 충분히 해드립니다. 동의하시겠습니까?" 무용인의 대답은 그가 춤의 예술혼에 빠져 있는 사람일수록 '아니오'라고 대답할 것이다. 그리고 이렇게 말할 것이다. "나는 내가 춤을 직접 지도하는 한에서만 내 춤을 추게 하고 싶습니다. 왜냐하면 그래야만 내가 그 춤을 통해 표현하고자 했던 예술성이 발현될 것이기 때문입니다. 돈은 중요하지 않습니다."

(2) 춤의 일회적 고유성

이것은 진정으로 '살아있는' 춤이란 무보에 의해 담아놓았다가 필요할 때면 누구나 꺼내 쓸 수 있는 악보와 같은 텍스트가 아니라, 모든 실연마다 고유한 예술성이 있는 퍼포먼스라는 생각이다. 다시 말해 춤은 '일회적인 고유성'(창작성)을 추구하는 예술이라는 것이다. 그러나 이런 순수주의는 춤의 저작권과 양립되지 않는다.[34] 이런 점은 한국의 전통춤에서 더욱 두드러진다.[35]

"한국전통춤에 있어서 그 구성이 확정된 결과물이 아니라 매 실행 속에서 나타나는 재창조 또는 재해석의 행위로 보여지기 때문에 …(중략)… 한국춤은 춤이 만들어진 그대로의 재현에 어려움이 있으며 답습자 개인의 의도에 따라 또는 개인적 특성과 기술에 따라 만들어진 그 순간 그대로의 모습이 아닌 변화가 가능한 실행 위주의 춤으로 인식되는 면이 강하다"[36]

---

34) 물론 자신의 춤을 똑같이 따라하는 다른 사람의 춤에 대해 권리의식을 갖기보다는 비예술이라는 비평의식을 가질 것이다.

35) 한국의 전통춤도 한국미술작품 속에 텍스트화가 일어나기도 한다. 그러나 춤의 텍스트로서 미술을 춤 자체를 기록한 것이 아니라 미술 작가의 춤에 대한 이미지의 기록이라고 보는 조은정, "춤의 텍스트로서 한국미술 이미지 읽기", *한국무용기록학회* (제11권, 2006), 184쪽 참조.

36) 강성범 · 김현주, "LMA 분석을 통한 강선영류 태평무의 움직임 특성 연구", *한국무용기록학회* (제12권, 2007), 3쪽.

(3) 상업성과의 타협으로서 저작권

저작권은 많든 적든 춤의 예술혼에서 순수주의에 대척점에 있는 현실주의의 증대, 그리고 더 나아가 춤의 상업화를 전제로 한다. 하지만 춤의 지나친 상업화는 언제나 춤의 본원적 의미를 훼손하여, 춤을 더 이상 춤이 아니게 만들 위험을 내포한다. 여기서 춤의 저작권은 춤의 본원적 고유성과 상업성을 타협시키는 매체임을 알 수 있다. 저작권법이 춤에 관해 펼칠 수 있는 권리보호의 정책은 크게 보면 춤의 예술혼에 지향된 순수주의와 상업주의 사이에서 위치한다. 그러나 이 둘 사이의 거리는 매우 멀다. 저작권에 관한 급진적인 좌파적 이념과 극보수의 우파적 이념이 넓은 스펙트럼으로 현행법에 자리잡을 수 있을 정도이다. 다시 말해 현행 저작권법의 법제상태로는 춤의 저작권에 관한 어떤 수준의 보호정책을 펼치는 것인지를 확정할 수 없다. 여기서 춤의 저작권보호 수준에 관한 공론의 형성과 더 세부적인 법제화가 필요함을 알 수 있다. 따라서 현행 저작권법에서 춤과 관련한 규정들의 해석을 논의하는 것은 아직은 춤의 저작권보호정책에 관한 공론을 여는 행위가 될 뿐이다.

2. 유형물 요건의 엄격한 해석

이런 정책은 창작된 춤에 대해 저작권등록을 하기 위해 그 춤을 고정시키는 매체(유형물)에 대한 제한의 문제에서 펼쳐진다.

(1) 세 가지 무보의 매체

현재까지 창작된 춤을 고정시키는 유형물로는 비디오영상물이나 라반기록법(Labanotation, Kinetography)[37] 그리고 컴퓨터프

37) 무용계는 labanotation을 음역하여 라바노테이션으로 표기하여 사용한다. 하

로그램 등을 들 수 있다.[38] ① 비디오영상물은 비용이 비교적 적게 들지만 무용수의 실수나 원래 무보에 없던 동작이 실연과정에서 추가되기도 하여 안무가가 원래 의도한 안무를 정밀하게 고정시켜주기 어려운 문제점이 있다. 이에 비해 ② 1976년 미국의 저작권청의 Compendium II가 등록요건으로 요구하였고, 오늘날 국제 무용통용언어라고 일컬어지는 라반기록법이 있다. 이 기록법은 루돌프 라반(Rudolph Laban)이 창시한 방법으로 무용수의 몸짓에 점, 방향, 박자 및 역동성을 기록하기 위해 각종 상징을 사용하는 춤의 기록법을 말한다.

[라반기록의 예시] 라반기록법은 모든 인간의 몸움직임을 내부심리의 외부화라고 보고 이 외부화를 신체(Body), 에포트(Effort), 쉐입(Shape), 공간(Space)의 4가지 카테고리 나누어, 각기 무엇을 움직이는가, (흐름, 시간, 공간, 무게의 요소들로 분석되는) 어떻게 움직이는가, 움직임이 어떤 형태를 형성하는가, 움직임이 어떻게 공간 안에서 이동하는가 등을 분석한다.[39] 왼쪽 그림은 우리나라 전통춤 태평무의 살풀이 장단의 에포트 구문을 기록한 예이다.[40] 이런 분석을 일별하는 것만으로도 라반기록은

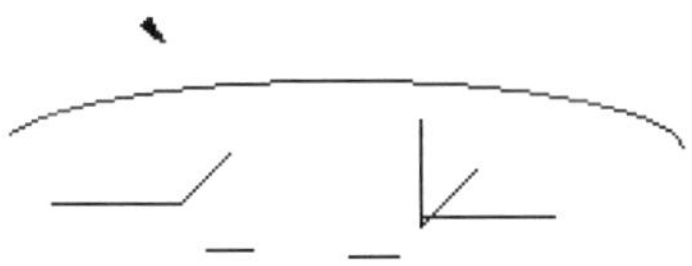

지만 여기서는 창시자 Laban의 이름을 음역에서 살리고 notation은 기록법으로 번역하여 라반기록법이란 개념을 사용하기로 한다.

38) 이 세 가지 방법에 관한 설명으로 Joi Michelle Lakes, “A PAS DE DEUX For Choreography and Copyright”, *New York University Law Review* (Vol. 80, 2005), 1854~1855쪽 참조.

39) 라반기록법에 대해 자세한 것은 앤 허친슨 (신상미 · 전유오 공역), *라바노테이션 키네토그라피 라반: 움직임 분석 및 기록체계* (대한미디어, 2004); www.laban.co.kr (한국라반움직임연구소) 참조.

40) 자세한 것은 라반기록을 한 강성범 · 김현주, “LMA 분석을 통한 강선영류 태평무의 움직임 특성 연구”, *한국무용기록학회지* (제12권, 2007), 15쪽 참조.

매우 전문적인 일이며 비용이 매우 많이 드는 작업임을 알 수 있다.

이 기록법은 비디오영상보다 정확도가 매우 높지만, 이 문서의 작성에 드는 비용이 많이 든다는 점이 문제점이다. 또한 ③ 무보를 담는 컴퓨터시스템은 역시 저렴하지만 안무가로 하여금 컴퓨터로 먼저 안무하고 무용수가 컴퓨터화면을 보고 따라하게 되는 것처럼 춤의 창작방법을 변화시킨다는 문제점이 있다.

(2) 엄격한 무보

이렇게 볼 때 법은 가장 먼저 춤의 문화를 심하게 변형시키는 컴퓨터프로그램의 무보를 배제해야 한다. 법의 저작권보호가 춤의 전승된 예술문화적 전통을 지나치게 외면하고 경제성과 상업성을 좇아서는 안된다. 그러므로 라반기록법에 의한 무보와 비디오영상물에 의한 무보만을 허용하되, 가장 엄격하게 전자만을 허용할지 이 두 가지를 선택적 또는 병행적으로 하게 할지는 법의 정책적 선택사항이다. 춤의 저작권보호가 갖는 역기능을 아직 충분히 시험하지 못한 상황에 있다는 점, 춤이 가장 텍스트화되기 어려운 예술이라는 점 그리고 춤의 고유성에 대한 판단이 주관적인 해석에 의존하는 정도가 매우 강하다는 점에서 라반기록법에 의한 무보와 영상물 제작을 동시에 요구하는 것이 바람직하다.

하지만 한국 전통춤에서는 라반기록법도 나름의 한계를 갖고 있기도 하며,[41] 디지털기술이 발전하고, 기호학을 활용한 무용의 텍스트해석의 방법(무용기호학)[42]이 더욱 발전하여 국제적으로

41) 유시현, "라바노테이션을 이용한 한국전통춤 기록의 문제", *한국무용기록학회지* (제2호, 2002), 182~185쪽 참조.

42) 무용기호학에 관해서는 김지원, "한국무용 기록과 관련한 무용기호학의 정

통용될 가능성도 배제할 수는 없다. 그런 발전은 미래에 법이 허용할 수 있는 무보의 기술적 매체의 범위를 넓혀줄 것이다. 또한 새로운 방법이 라반기록법보다 비용이 덜 들수록 춤의 저작권은 좀 더 넓어질 것이다.

립 모색", *대한무용학회논문집* (제61호, 2009), 101~133쪽; *춤은 말한다* (서울대출판문화원, 2010) 참조.

제 2 부

춤의 기호학적 분석과 법의 이해

[4] 발레의 이상과 근대법의 이성

Ⅰ. 발레의 현상학적 특성

발레는 ① 이상적인 몸의 추구와 ② 체계적 자세(예: 5가지 발 자세[1])와 2가지 몸 자세[2])), 그리고 ③ 확장된 선을 그리는 동작이 만들어내는 조화로운 공간적 디자인 등이 특징이다. ④ 이런 발레의 특성은 촉각이나 청각보다 시각을 절대적으로 중시한 결과이다. 그래서 발레 무용수들은 촉각적 요소들(예: 발레슈즈의 소리, 숨소리)을 극소화하고, 시각적 요소(예: 동작의 선, 몸의 공간적 배치)는 극대화하도록 훈련받는다. 발레의 시각중심성은 발레의 공연에 연주되는 음악마저도 발레와 수평적 상호작용의 관계에 놓일 수 없게 만든다. 발레에서 음악은 발레가 창출하는 이미지를 극대화시키는 수단으로만 기능할 뿐이다. 또한 발레 무용수들은 이런 발레의 수행과정에서 "근운동적 자각"(kinesthetic

1) 이는 ① 에뻘망 크로와제, ② 바뜨망 탄듀, ③ 쏘떼, ④ 부레, ⑤ 빠세 를르베를 말한다.
2) 이는 ① 아라베스크, ② 아티튜드를 말한다.

awareness)을 갖게 된다.[3)]

[근운동적 자각과 몸의 자각] 발레의 근운동적 자각(kinesthetic awareness)은 서구근대사회의 문화적 패러다임으로서 정신과 육체의 이원주의라는 전통에서 정신과 단절된 육체의 움직임을 객관화하는 자각이다. 이 자각은 육체의 경험을 내면의 신호로부터 단절시키고, 발레의 시각적 이상화가 요구하는 육체적 조건을 충족하기 위해 자신의 육체를 통제하고 길들이는 습관이다. 이런 자각은 춤 연습을 할 때 전신의 활동을 다 보여주는 거대한 거울에 비춰지는 육체의 모습에서 일어난다. 이에 반해 정신과 육체가 분리되지 않은 채, 신체의 감각에 집중하면서도 내면과의 유대성을 느끼는 자각은 몸의 자각(somatic awareness)이라고 할 수 있다.[4)] 여기서 몸이라는 한국어는 정신과 육체가 통합된 감각의 주체성을 영어의 somatic[5)]보다 더 잘 표현해준다.[6)] 춤이 몸의 자각이 되어야 한다는 관점에서 그리고 페미니즘의 관점에서 볼 때, 발레의 근운동적 자각은 남성의 시선을 위한 객관화라는 비판을 받을 수 있다. 여기서 발레가 (아래에서 보듯) 근대법의 기호이고, 근대법이 남성의 법[7)]이라는 것은 결코 우연이 아니다. 이에 비해 몸의 자각이 중심

---

3) 이런 발레의 현상학적 특징을 시각중심성(The celebration of the visual in ballet)으로 설명하는 Helen Thomas, *The Body, Dance and Cultural Theory* (Palgrave Macmillan, 2003), 95~102쪽 (인용구는 98쪽) 참조.

4) 이 개념에 대해 자세히는 Jill Green, "Somatic authority and the myth of the ideal body in dance education", *Dance Research Journal* (Vol. 32, No. 2, 1999), 80~100쪽 참조.

5) 무용학계는 somatics를 이미 '몸학'으로 번역하기도 한다. 이 개념을 정신과 육체의 이분법주의를 극복하는 춤의 새로운 비전에서 사용하는 조기숙, "춤의 새로운 비전을 위한 고찰. 몸의 체험을 기반으로 한 연구와 성찰을 위하여", *한국무용기록학회지* (제17권, 2009), 169~195쪽 참조.

6) 김용옥 교수는 이를 기철학적 조어로서 "모든 몸기관의 느낌의 역동적 통합태)"라는 의미인 몸각(mom feeling)으로 표현한다. 자세히는 김용옥, *아름다움과 추함* (통나무, 1987), 59쪽 아래 참조.

7) 남성의 법에 대해서 이상돈 · 민윤영, *법정신분석학입문* (법문사, 2010), [5] 단락 참조.

이 되는 춤은 '성적 코드의 지속적 호환으로서 법'[8]을 기호화할 것이다.

여기서 발레는 무의식을 의식화하는 춤이 아니라 의식의 시각적 이미지를 구현하는 춤이라고 말할 수 있다. 즉, 발레는 의식을 극대화하고, 무의식을 의식의 지배와 통제 아래 놓이게 하는 것이다. 이 점에서 발레는 '시각화된 관념철학'(의식철학, Bewußtseinsphilosophie)이라고 부를 만하다.

Ⅱ. 근대 이성법으로서 발레

발레는 근대 이성법을 기호화한다. 발레의 발전과 근대법의 발전은 함께 이루어졌다.

1. 발레와 근대법의 기호학적 동일성

(1) 발레와 근대법의 이성적 동일성

동일성 발레의 기호학적 의미가 이성법이 되는 이유를 살펴본다. ① 절제와 인내, 한치의 오차도 없는 훈련의 반복이 없이는 만들기 어려운 몸의 이상은 근대법의 이성(Vernunft)과 같다. ② 발레의 체계적 자세는 (주관적) '권리의 세분화된 체계'로 구축된 근대법을 구성하는 기본개념들(예: 민법전의 능력, 대리, 물건, 의사표시 등)과 원칙들(예: 비례성원칙, 명확성원칙)과 유사하다. 또한 ③ 확장된 선을 그리는 동작에 의해 디자인되는 조화로운 동작의 공간적 모습은 마치 유럽 중세 교회의 고딕양식을 닮

8) 이에 대해서 이상돈 · 민윤영, *법정신분석학입문* (법문사, 2010), 102쪽 참조.

으려는 듯 '높이'를 지향하는데, 이는 헌법을 정점으로 '통일성'을 이루도록 짜인 법규범의 위계적 형상과 매우 유사하다. 그렇기에 18세기 발레의 기술적 편중을 지양하고 (사상) 표현적 요소를 강조한 프랑스 안무가 노베르(Jean Georges Noverre)는 발레의 형이상학적 특징을 '신나게 뛰어 노는 것을 포기하고, 뽐내는 웃음을 포기하고, 사유와 이성을 너의 두 스텝에 집어넣는 것'으로 표현한 바 있다.[9)]

(2) 시각중심성을 통한 의식중심성과 근대적 자아

감각현상학적인 관점에서는 발레를 시각에 치중한 숭고한 이미지의 창출을 지향하는 '감각적인'(sensible) 춤이라고 볼 수 있다. 하지만 이 점이 발레를 이성법의 기호로 볼 수 없게 하지는 않는다. 오히려 바로 그 점 때문에 발레는 이성법의 기호일 수 있다. 왜냐하면 발레가 세우는 감각은 오로지 '의식의 시각화'로서만 기능하고 있고, 이때의 의식은 마치 발레의 수행에 대한 무용수들의 근운동적 자각(kinesthetic awareness)처럼 의식과 분리된 육체를 지배하고 통제하는 합리의 정신으로서 근대적 자아(cogito)와 같기 때문이다.[10)] 르장드르(Legendre)가 내린 발레의 개념, "발레는 눈을 통하여 영혼에 말을 건다"[11)]는 부분도 이 점을 가리킨다. 여기서 감각이 '의식의 시각화'로서 기능한다는 것

9) Pierre Legendre (Peter Goodrich 역), "The Dance of Law", *Law and the Unconscious: A Legendre Reader* (Macmillan Press, 1997), 61쪽에서 인용함.

10) 서구의 근세적 인간관이 시각(visual feeling)에 기초해 있는데 반해 한국인은 복감(visceral feeling)에 중심을 둔다고 보는 김용옥, *아름다움과 추함* (통나무, 1987), 59쪽 참조.

11) Pierre Legendre (Peter Goodrich 역), "The Dance of Law", *Law and the Unconscious: A Legendre Reader* (Macmillan Press, 1997), 60쪽.

은 어떤 감각에 집중할 때, 그런 상태를 배경으로 의식은 순화(純化)되기 쉬워지게 됨을 뜻한다. 다시 말해 의식에 의한 어떤 절대적 가치(예: 절대선이나 신의 의지)의 추구가 숭고하게 되려면 의식은 다른 가치를 떠올리는 상념의 바다를 헤매서는 안되는데, 의식의 그런 방랑을 차단하는 방편의 하나가 바로 특정한 감각에 집중하는 것이다.[12)] 발레의 시각집중성은 바로 의식의 순화를 지향해 있다.

2. 발레의 합리화와 근대법의 발전

시각화의 형식을 통하여 합리의 의식이 지배하는 발레가 근대사회와 마찬가지로 합리화의 진보역사를 밟는 것은 필연적인 것일 수 있다. Hammond의 역사분석에 의하면 발레의 기술적 발전은 마치 막스 베버가 말하는 합리화의 역사로 다음과 같이 요약[13)]해 볼 수 있다고 한다.

(1) 발레의 발전사

민속풍습의 춤에서 시작한 발레(16C)는 귀족 춤의 예의(Grand Manners)로 발전한 뒤, 군주정의 이미지를 고양시키는 아마추어리즘의 단계(17C 중반)를 지나 전문화의 길, 즉 5가지 자세의 확립(1700년)을 기점으로 기술적 발전을 거듭하여, 마침내 (발과

12) 이런 점은 불교철학을 바탕으로 생각을 버리는 방편으로 오감을 갈고 닦아 실제적인 감각을 강화할 것을 주장하여 베스트셀러가 된 코이케 류노스케(유윤한 옮김), *생각 버리기 연습* (21세기북스, 2010)의 관점과도 매우 유사하다.

13) 이하의 내용은 Phillip E. Hammond and Sandra N. Hammond, “The Internal Logic of Dance: A Weberian Perspective on the History of Ballet”, *Journal of Social History* (Vol. 12, No. 4, 1979), 591~608쪽을 요약한 것임.

다리를 각각의 방향으로 옆으로 돌리는) 턴 아웃(turnout)의 각도가 90°에 이르는 발전(18C)을 이루게 되었다.

[루이 14세의 춤과 절대왕정권력의 교차성] 프랑스 영화 『Le Roi Danse』(왕께서 춤추시다)[14]는 17세기 중반 발레가 군주정의 이미지를 고양시키는 수단이었음을 잘 보여준다. 이 영화에서 소년 루이 14세가 어머니와 추기경의 섭정을 받던 시절, 자신이 지향하는 정치를 춤으로 표현하는 장면, 특히 내레이션과 함께 소년 루이 14세가 몸짓으로 권능(puissance, power), 환희(plaisir, pleasure), 빛(lumiere, radiance)을 표현하는 장면[15]이나 22세가 된 해에 루이 14세가 어머니의 섭정을 거부하면서 재상제를 폐지하고 직접 왕권을 행사하겠다고 선언한 직후에 외척들 앞에서 춤추는 장면[16]은 절대왕정이 실행된다는 의미를 함축한다. 여기서 루이 14세의 춤은 이미 확립된 절대왕정을 단지 사후적으로 상징화하는 것이 아니다. 아직은 절대왕정체제가 다소 불완전한 상태이지만 그럼에도 불구하고 과감하게 강력한 정치세력들 앞에서 절대왕정권력의 상징을 지니는 춤을 춤으로써 절대왕정에 대한 정치세력들의 승인을 굳히는 정치권력적 과정이 진행되는 것이다. 여기서 춤은 절대왕정의

14) 이 영화는 흔히 『왕의 춤』으로 번역되기도 하는데, 이처럼 『왕께서 춤추시다』로 번역한 것은 이 영화를 내게 소개해준 하버드옌칭연구소(Harvard-Yenching Institute)의 초빙연구원과 프랑스 사회과학고등연구원(L'Ecole des hautes études en sciences sociales; EHESS)의 박사후 연구원을 역임한 나의 제자 이소영 박사이다. 법문학자로서 이소영 박사의 번역은 너무나 정확하다. 왕의 춤은 별다른 함의를 담지 못한다. 그러나 루이 14세의 춤이 춤의 해체적 속성과 왕의 권력집중적 성격이 대조되는 문맥에, 왕권을 아직 확립하지 못한 상황에서 기존 집권세력의 권력을 해체하는 상징의 맥락에 들어가야만 춤의 의미가 생성될 수 있다. 『왕께서 춤추시다』는 그런 맥락을 구성하는 번역이다. 춤과는 어울릴 것 같지 않은 존귀하신 왕께서 황송하옵게도 춤을 추는 것이다. 그러니 그 춤은 민속축제장에서 민중이 추는 춤과는 의미가 다른 것이며, 바로 그렇기 때문에 우리는 '왕께서 춤을 추실 때' 그 다른 의미에 주목해야만 하는 것이다.

15) http://www.youtube.com/watch?v=SYHPNgSUIoE 참조.

16) http://www.youtube.com/watch?v=gV-YzePE2Dg 참조.

> 확립에 따른 사후적인 상징의 창출이 아니라 그 확립에 구성적인 요소로 작동함을 알 수 있다. 즉 춤과 정치권력의 형성 및 행사는 동시적으로 일어나며, 춤은 정치권력을 구성하는 퍼포먼스가 된다. 이렇게 볼 때 절대왕정의 권력은 아마추어적인 발레의 춤 양식 속에 기호화(기의)되어 있고, 그 춤은 권력의 실행 속에 기호화(기표)되어 있다. 이런 점에서 춤과 절대왕정의 권력은 서로에게 내재되어 있는 것이며, 교차적인 관계에 있는 것이다. 절대왕정의 권력에 오늘날 법을 대입해보면, 마찬가지의 관계가 형성된다.

그러나 발레의 기술적 전문화가 가져온 고전주의적 무감성주의(Unemotionalism of classicism)에 대한 반성으로 공중공간을 지배하는 낭만주의적 발레(19C 초중반)가 일어났다. 그러나 이후 발레가 곡예춤처럼 과도하게 인위적인 기술에 의존하게 되자 이에 대한 반성으로 팔다리의 움직임이 그리는 선을 최대한 확장하는 신고전주의적 발레(19C 후반)가 생겨났다. 이처럼 〈Grand Manners→5가지 자세 확립→turnout 기술과 각도의 증가→공중공간의 지배→선의 최대확장〉이라는 발레의 누적적 발전은 발레를 진보시키는 합리화의 과정이 된다.

(2) 법과 발레의 합리화

발레의 이 발전과정을 다시 요약해보면 아래 도표 8과 같다.

	발레의 특징적 모습	불만요소	기술적 진보=합리화
16C	○ 민속 풍습의 춤	조잡함	• 르네상스의 귀족적 예의 (Grand Manners)
17C 중반	○ 군주정의 이미지를 고양시키는 수단	아마추어	• 5가지 자세 확립(1700년 피에르 보샹)

18C	ㅇ 전문화(독립된 이야기, 정교한 발끝돌기, 턴아웃)	춤의 2차적 지위	• 턴아웃의 각도가 증가하여 90°에 이름
19C 초중반	ㅇ 낭만주의 영향 아래 자기생산적 예술형태로 발전	고전주의의 무감성주의	• 공중공간(aerial space)의 지배
19C 후반	ㅇ 낭만주의 쇠퇴 신고전주의(→ 인간화)	춤의 곡예화	• 팔다리를 움직이는 선의 최대확장

도표 8: 발레의 기술적 발전과 합리화[17)]

이와 같은 발레의 발전은 발레의 기술적 차원에서 '전문화'와 정치적 · 예술적 차원에서 '독립화' 그리고 실행적 차원에서 '인간화'로 특징지을 수 있다.[18)] 이런 특징은 근대 이후 법의 합리화가 갖는 특징과 다르지 않다. 17C부터 20C 초반에 이르는 법의 합리화는 법전편찬과 법학의 발전을 통한 '전문화'의 전개, 그리고 종교와 정치로부터의 '독립성'(예: 의회제도, 관방사법의 극복)의 증대, 그리고 사회적 연대를 추구하는 '인간화'(예: 사회적 연대성의 실질법)가 누적되는 발전[19)]이기 때문이다.

17) 이 도표는 Hammond의 앞의 논문 593쪽의 표를 필자가 수정 · 보완하여 만든 것임.

18) 이런 발레의 발전은 발레의상의 변화에도 반영된다. 특히 오늘날 발레 하면 떠오르는 — 드가의 그림에서 흔히 보는 — 여려 겹으로 겹쳐진 전형적인 발레의상인 '튀튀'(tutu)는 19세기 낭만주의 발레의 정점부터 유행하였다. 발레의 역사적 발전에 따른 발레의상의 변화에 관해 자세히는 이희현, "15세기~19세기 발레 의상", *한국의상디자인학회지* (제12권 제3호, 2010), 105~119쪽 참조.

19) 이 점에 대한 개괄적인 이해를 위해서는 이상돈, *기초법학*, 제2판 (법문사, 2010), [13]단락(법과 역사)을 읽기를 권함.

Ⅲ. 발레와 근대법의 문법

또한 발레는 '권리의 문법'[20]을 추구하는 이성법의 전통과 같이 몸의 문법을 추구한다.

1. 몸, 권리, 언어를 관통하는 문법

발레는 엄격하게 지켜야 하는 문법이 있는 춤이다. 발레에서 깎아 다듬어 놓은 몸은 정제되고 아름다운 언어와 같고, 동작을 5가지 발 자세와 2가지 몸 자세의 운용 속에서 전개하는 것은 마치 문법에 맞게 언어를 운용하는 것과 같다. 기본 동작의 운용에서 벗어난 몸짓을 허용하지 않는 것은 문법에 어긋난 언어사용을 허용하지 않는 것과 같다. 발레의 문법은 교회법상의 계율, 카논(canon)이 시각화된 언어로 구현된 것이라고 할 수 있다.

> [수도사의 회전무와 흑조의 훼떼] ① 터키의 메브레비 수도사(Mevrevi Dervishes)들은 13세기 이래로 원추형의 긴모자를 쓰고 흰색 망토를 걸친 채 눈을 감고 회전을 하며, 신의 은총을 기다린

---

20) 이 표현은 김도균 교수의 저서 *권리의 문법* (박영사, 2007)의 제목이기도 하다. 김 교수는 이 책에서 권리의 개념과 쟁점들을 논리적으로 분석함으로써 권리가 사회경제적 권력관계의 단순한 반영이 아니라 이성적 사고의 기반 위에서 자율성과 독립성의 내적 논리를 갖고 있음을 보여준다. 여기서 '문법'이라는 표현은, 근대법의 언어이론적 이해(이에 관해서 이상돈, *기초법학*, 제2판 [법문사, 2010], 369쪽 아래 참조)에서 보면, 단지 수사학적인 것이 아니라, 역사적이며 실제적인 것이다. 가령 근대 이성법의 권리는 '존재론적 의미론'(ontologische semantik)의 기반 위에서 자명한 것으로 구축되고, 법체계의 내부구조로서 권리의 정합적 체계는 소쉬르(Saussure)가 말하는 이상적 구문론의 언어체계와 다르지 않다.

> 다. 오른 손바닥은 성령을 받으려고 하늘로 향하고, 왼 손바닥은 성령을 전달하려고 대지를 향한다. 이 회전무는 <백조의 호수>에서 흑조가 2인무(pas de deux)를 할 때 32회의 훼떼(fouettés)를 추는 모습와 매우 흡사하다. ② 모든 문화는 진화와 발전의 과정에서는 언제나 혼성적인 것이다. 그런 혼성성이 차이를 통하여 새로운 고유성을 창출하는지가 춤의 기능 확장에서 관건이 될 뿐이다. 터키 수도사들의 회전무가 근대 발레의 탄생을 가져오는 다른 문화권의 단초가 되었을 가능성을 부인하긴 어렵다. 물론 회전무가 유럽 교회법상의 카논이 발레의 문법이 되는 역사로부터 파생된 혼성물의 원초적 모습이었을 가능성도 있다. 그러나 그것을 현재 입증할 수는 없다. ③ 지금 여기에서 중요한 점은 발레의 문법이 상호문화적(intercultural) 관점에서 보면 서유럽의 춤에서만 카논이 되는 것은 아니고, 다른 문화권의 춤에도 카논이 될 수 있으며, 다른 문화권의 춤에서도 발레적 요소를 읽어낼 수 있다는 상호문화성이다.[21)]

또한 시각적 이미지의 극대화를 지향하는 것은 언어사용이 소쉬르(Saussure)가 — 빠롤(parole)을 배제하고 랑그(Langue)를 중심으로[22)] — 말하는 '이상적 구문', 즉 기호와 그 기호들의 가능한 조합에 관해 이미 주어진, 단일하고 질서정연한 규칙체계의 이미지와 같다. 소쉬르의 언어관은 근대적인 것이며,[23)] 근대법과 내적으로 연결되어 있다. 왜냐하면 근대법이 전제하는 법언어는 체계적으로 잘 짜인 다양한 형태의 권리(와 그에 대응하는 의무)들의 총체로 구성된 완전무결한 규범이 담겨 있을 정도의

---

21) 이 삽입글에서 수도사의 회전무에 대한 설명과 이 회전무를 발레 중심의 춤 개념에 포함될 수 있도록 춤의 카논을 상호문화주의의 관점에서 확장하는 견해를 펼치는 코플랜드 (윤계정 역), "수도사들의 회전춤과 흑조의 춤: 춤에 대한 문화상호적 접근방식", *공연과 리뷰* (창간호, 1994), 136~148쪽 참조.

22) F. Saussure, *Grundfragen der allgemeinen Sprachwissenschaft*, 2.Auflage (1967) 참조.

23) 이진경, *철학과 굴뚝청소부* (그린비, 2005), 283쪽.

의미론적 명확성과 구문론적 이상성을 지향하는 것이기 때문이다.[24] 여기서 발레하는 몸과 이익을 분배하는 권리 그리고 규범을 담는 언어(관)는 근대적인 이성의 문법에 의해 지배되고 있음을 알 수 있다. 이처럼 발레하는 몸이 숭고미를 구현하는 몸('숭고한 몸')이 되는 반면, 발레의 몸짓이 기호화하는 근대법의 이상에 복속된 일반인들은 규제와 훈육을 통해 (근대법과 국가에 대한) 복종의 미덕을 체화한 몸, 즉 "엄숙한 몸"(the solemnised body)[25]을 강요받는다.

2. 발레와 근대법의 동질적인 미학적 구조

발레의 아름다움은 높이를 지향하면서 확장된 선으로 만들어 내는 공간적 이미지에 의해 창출된다. 이 아름다움은 수직성이 강조된 기하학적 조형미이다.

(1) 발레의 수직성과 근대법의 기하학적 조형미

첫째, 기하학적 조형미라는 점에서는 서구의 근대법이 정의를 창출해내는 미학적 지향성과 같다. 근대법은 물론 심미적 담론으로부터 분리된 도덕적 담론을 중심으로 형성된 것이지만, 오늘날 법미학의 관점에서 보면 근대법은 기하학적 조형미를 정의의 내재적인 요소로 갖고 있다. 이를테면 근대법에서 권리에 의무가 맞대응되어 있고, 권리와 의무를 서로 동등하게 교환하는 '대칭성'(symmetry)과 수많은 법규범들 사이의 '정합성'(coherence)은 기하학적 조형미[26]를 이룬다. 발레 하는 몸의 아름다운 비율은

24) 이상돈, *기초법학*, 제2판 (법문사, 2010), 372~372쪽.

25) Pierre Legendre (Peter Goodrich 역), "The Dance of Law", *Law and the Unconscious: A Legendre Reader* (Macmillan Press, 1997), 45쪽.

26) 이에 관해 자세히 이상돈, *법미학* (법문사, 2008), 112쪽 아래 참조.

현실을 규율하는 법의 비례성(균형성)과 완전히 똑같은 심미적 체험을 가능케 한다.

(2) 발레와 근대적 인권의 기독교적 지향성

둘째, 발레의 춤동작이 지향하는 '높이'는 발레의 아름다움을 구성하는 고유한 요소이다. 이 높이의 수직성은 마치 교회의 고딕양식처럼 궁극적으로는 기독교적 신의 존재에 향해져 있다. 이는 근대법의 미학적 구조와도 같다. 근대법은 헌법을 정점으로 위계질서가 있는 통일성을 이루도록 짜인 삼각형의 수직성을 보여준다. 이 수직성은 헌법상 기본권으로 정초된 (근대적) 인권 개념의 기독교적 지향성에 의해 삼각형 밖으로 뻗쳐 있다. 근대적 인권의 특성으로서 '천부자연성', '양도불가능성'은 기독교적 신이 인간에게 준 선물이므로 다른 인간에 의해 침해되거나 넘겨줄 수 없다는 전통의 영향사 아래서 형성된 관념이다.[27]

Ⅳ. 발레의 고전성과 법의 보편성

1. 발레의 해방적 요소

발레의 문법을 이루는 기본 자세나 동작의 형식들은 시대를 넘어 지속되고 있다. 이 점에 대해 발레는 지나치게 형식적인 기술무용이라는 비판을 받는다. 이런 비판은 춤이란 '몸짓으로 표현된 그의 시대'이어야 한다는 생각들이 깔려 있다. 발레의 비인간성을 비판한 이사도라 던컨(Isadora Duncan)[28]은 발레를 습득

27) 이 점을 분명히 한 이상돈, *인권법* (세창출판사, 2005), 58쪽 아래 참조.

하였지만 발레의 문법을 깨는 춤으로써 현대무용의 창시자가 되었다. 그러나 오늘날 발레는 현대무용과 함께 지속되고 있다. 이런 사실은 몸의 문법을 중시하는 발레가 시대를 넘는 미학적 차원을 갖는 고전이며, 이는 근대법이 시대를 넘어 유효한 법의 고전이 되는 것과 마찬가지이다.

발레가 춤의 고전이 되는 이유는 차이의 정치학에서 바라보는 춤의 기호학적 의미에서도 설명된다. 가령 양쪽 발끝을 180° 벌려 양 발끝을 닿게 하는 '앙 드오르'(En Dehors)나 '까치발'은 자연을 거스르지만, 동시에 인간존재를 지상에 묶어 놓는 중력을 뿌리치고, 하늘의 신을 향한 몸의 수직적 확장과 비상(飛上)을 위한 수평적 확장을 상징한다. 그러니까 발레의 문법은 일상적 자연으로부터의 '해방', 일상적 걸음의 '낯설게 하기'라는 기호학적 의미 속에서 생성된 것이다. 이는 근대법의 이성이 인간의 갈등과 분쟁의 현실에 대해 일종의 '낯설게 하기'를 수행한 사상인 사회계약론(계몽의 정치철학)에 의해 정초된 것에 견줄 만하다. 여기서 사회계약론의 생성도 만인의 만인에 대한 투쟁이라는 자연상태로부터의 해방, 훼데(Fehde)와 같은 자력에 의한 피의 보복이 악순환되는 일상적 분쟁상황의 낯설게 하기라는 기호학적 의미 맥락 속에서 이해될 수 있다. 이성법의 해방적 요소는 자유(의 조건)를 공평하게 분배하는 보편성에서 비롯되는 것이다. 여기서 이성법의 보편성이 해방의 문법이고, 발레에서 카논과 같은 몸의 법칙들이 몸을 해방시키는 문법인 것을 고려하면, 기호학적 관점에서 이성법의 보편성과 발레의 숭고미는 교차된다고 할 수

28) 이사도라 던컨의 무용과 삶에 대해 자세히는 Peter Kurth, *Isadora: A Sensational Life* (Back Bay Books, 2002); *위대한 예술가 - 이사도라 던컨 (Isadora Duncan)*, DVD (피터팬 픽처스, 2009) 참조.

있다.

2. 발레의 숭고성과 이성법의 보편성

(1) 발레리나의 순수욕망과 숭고미

그러나 발레와 근대법이 오늘의 시대에도 유효한 고전이 되는 까닭은 그런 해방의 기의 때문이 아니다. 발레의 영원성은 발레가 좇는 해방의 욕망이 라깡(Lacan)의 순수욕망(pure desire)과 같다는 점에서 나온다. 즉, 발레의 문법은 주체의 숭고성,[29] 그러니까 욕망의 내용이 아니라 욕망을 좇아 죽음을 무릅쓰고,[30] 죽음과 의연하게 대면하는 태도[31]를 요구한다.[32] 이 태도는 발레의 내향적 이해에서 바라본다면 발레의 카논을 엄격하게 준수하여 기술적 완벽함, 우아함과 품위, 유연함과 경쾌함을 실연하고, 그것을 위한 고통스런 노력마저 겉으로 드러나지 않게 하는 "확고한 통제력"[33]을 의미한다. 발레리나 강수진의 심하게 변형된 망가진 발[34]은 발레의 미학이 숭고미의 성격을 띰을 말해준다.

---

29) 이에 관해 조현준, "안티고네: 숭고미에서 퀴어 주체로", *라깡과 현대정신분석* (제8권 제2호, 겨울 2006), 187~196쪽 참조.

30) 이런 라깡의 사상은 죽음을 긍정적인 것, 열렬히 욕망되어야 하는 것으로 바라보는 쇼펜하우어, 니체, 프로이트 등의 영향사 아래 있다고 볼 수 있다. 이에 대해서는 Linda Hutcheon and Michael Hutcheon, "Death Drive: Eros and Thanatos in Wagner's 'Tristan und Isolde'", *Cambridge Opera Journal* (Vol. 11, No. 3, 1999), 267~268쪽 참조.

31) 비록 픽션이지만 영화 <블랙스완>에서 나탈리 포트만이 작품 <백조의 호수>의 흑조 오딜 역을 제대로 하기 위해 — 특히 지그프리트 왕자를 현혹시키려 32번의 푸에테를 추는 장면에서 보듯 — 미쳐 죽어감을 무릅쓰는 노력을 하는 태도는 이를 잘 보여준다.

32) 라깡의 숭고미에 관해서 비평적 설명으로 이상돈 · 민윤영, *법정신분석학입문* (법문사, 2010), 65~66쪽 참조.

33) 링컨 컬스타인 (윤계정 옮김), "고전 · 낭만 · 현대의 고전발레", *공연과 리뷰* (제14호, 1997), 162쪽.

34) http://shindonga.donga.com/docs/magazine/shin/2003/01/22/200301220500027/

(2) 보편적 법의 시련

발레의 문법에 내재된 숭고성은 근대법에도 존재한다. 모든 법적 규율이 지향하는 '보편성'(universality)이 그것이다. 법의 보편성은 효력의 측면에서는 국가권력에 의해 강제로 실현될 수 있지만, 타당성의 측면에서는 언제나 이상으로 남아 있다. 자유의 평등한 보장, 권리와 의무의 대칭적 분배는 보편성을 좇는 근대법의 전략이지만, 이 전략은 현실에서는 언제나 다양한 난관에 부딪혔다. 가령 법은 권리와 의무를 대칭분배 할 수 없게 만드는 전승된 직업윤리(예: 환자의 의사선택권은 보장하지만 의사의 환자선택권은 부정함)에 부딪히기도 하고, 사회경제적 계급(계층)의 분화로 인해 평등하게 보장한 자유가 실질적인 부자유가 되는 이데올로기적 갈등상황에 부딪히기도 하였다. 또한 오늘날에는 보편적 법의 적용을 거부하는 포스트모던적인 하부문화의 성장이라는 새로운 난관에 직면하기도 한다.

(3) 아름다운 법과 보편적인 발레

그럼에도 불구하고 이성법은 이전까지의 법이 부분적으로 소멸됨을 무릅쓰고 끊임없이 자기성찰적 변화(새로운 법의 생성)를 수행하여 보편성의 이상을 달성하려는 노력을 해왔다. 그 결과 이성법은 문명의 패러다임이 다른 사회(예: 이슬람사회)를 제쳐놓는다면, 대안이 없는 법패러다임으로서 전 세계의 국가로 확산되었다. 이와 같은 이성법의 발전은 과거의 이성법(예: 계약의 자유)이 부분적으로 죽고 새로운 법(예: 임대차보호법)이 생성되는 과정으로 볼 수 있다. 이 변화는 법의 합리화이며, 진화이다. 이처

200301220500027_3.html의 사진; 한강, "발레리나 강수진 — 고통이 열이면 빛은 반개쯤인 춤", *월간 샘터* (제26권 제10호, 1995), 52~54쪽 참조.

럼 끊임없이 자기변화를 도모하는 이성법은 '보편화가능성'(Universalisierbarkeit)이라는 술어를 귀속받을 수 있게 된다. 이러한 법의 보편화가능성은 기호학적으로 보면 시각적 이미지의 절정을 향한 발레리나의 죽음을 무릅쓴 노력과 마찬가지로 숭고미라는 술어가 귀속될 수 있는 주어가 된다. 이성법의 보편성은 숭고한 아름다움을 띨 수 있는 것이다.

다른 한편 발레의 숭고미도 보편성을 띨 수 있다. 죽음을 무릅쓰고 발레의 카논을 이상적으로 구현하려는 노력은 모든 인간에게 내재해 있는 순수욕망을 매개로 모든 사회에 통용될 수 있는 아름다움을 만들어낼 수 있다. 이것은 보편성을 지향하는 근대 이성법의 정신과 다르지 않다. 그렇기에 발레는 보편적인 춤이 된다. 우리나라에서도 발레는 근대법처럼 서양의 춤이 아니라 이미 100년의 전통을 가진 우리의 춤이며, 우리의 문화이다.[35)]

이처럼 보편성을 지향하는 이성법은 숭고미를 띨 수 있고, 숭고미를 지향하는 발레는 보편성을 띨 수 있다. 이런 교차적 관계는 이성법의 보편성과 발레의 숭고미를 호환가능한 것으로 만든다.

---

35) 우리나라에 발레가 소개된 것이 1920년대 경이라고 본다면, 우리나라 발레의 역사도 거의 100년이 되어가며(우리나라 발레의 역사에 관해 김용길 · 정희자, "한국 발레의 발달과정에 관한 연구. 1970년대~1990년대", *한국체육과학회지* (제7권 제1호, 1998), 499~512쪽 참조); 강수진, 김주원(장광열, "김주원, 세계 무용계의 샛별로 떠오른 발레리나", *한국국제교류재단* [제20권 제3호, 2006] 참조)과 같은 세계적인 발레리나도 배출한 점 등에 비추어 볼 때 발레는 이미 외국의 춤이 아니라 우리나라의 춤이라고 보아야 한다.

[5] 즉흥접촉춤, 감성과 연대의 법

Ⅰ. 즉흥접촉춤의 현상학

1. 즉흥접촉의 특징분석

즉흥접촉춤(contact improvisation)[1] 또는 즉흥춤[2]은 신체적 접촉점을 출발로 하여 즉흥적인 움직임을 탐구하는 춤이다. 1972년 미국의 스티브 팩스턴(Steve Paxton)이 주창하여 캐나다와 유럽으로 확산된 포스트모던 춤으로서 몸의 기 흐름을 따르는 자연적 법칙성을 중시한다. 몸의 즉흥적 움직임을 촉발시키기 위해 음악도 대개 라이브 음악을 사용한다. 즉흥접촉은 소규모의 격식 없는 공간에서 무용수들이 서로 몸의 무게를 주고받으며 접촉점을 계속 만들어가면서 몸을 서로 엉키게 하다가 — 마치

1) 우리나라에서는 제11회 서울국제즉흥춤축제가 2011.4.10.~4.16.일까지 서울 대학로의 아르코예술극장 소극장 무대 위에서 펼쳐진 바 있다. www.improvisation.co.kr 참조.

2) 우리나라에서는 실연자들은 주로 즉흥춤으로 개념화하고 있다. 이하에서도 그때그때 설명의 적합성과 언어적 효율성을 위해 필요하다면 즉흥접촉춤의 정식용어만이 아니라 즉흥춤이란 용어도 사용하기로 한다.

합기도 등의 무술동작처럼 — 넘어지거나 구른다. 듀엣으로 추는 경우에도 무용수들은 발레의 빠드되(pas de deux)처럼 남녀로 고정되어 있지 않다. 즉흥접촉의 듀엣 무용수들은 주로 촉각 중심으로 움직이며 상호 교환하는 몸에 대한 감각을 공유한다. 촉각은 접촉점을 즉흥적으로 창출한다.[3)] 하지만 즉흥접촉은 촉각과 몸의 무게에 대한 감각을 넘어 성적 만남이나 심리적 만남을 하지 않도록 거리를 둔다. 역설적이게도 듀엣의 무용수들은 사적이면서 공적이다. 즉 즉흥춤은 "사적인 것과 공적인 것 사이의 이원적인 구분을 가로지르는 방식으로 몸을 재배치한다."[4)] 즉흥춤은 무용수의 몸냄새와 숨소리가 관객에게 전달되어 관객이 그들의 몸감각을 공유하게 하며, 때로는 관객을 그들의 퍼포먼스에 합류시키기도 한다.

2. 발레와의 대척점

이처럼 즉흥접촉의 현상학적 특징은 발레와 대비될 수 있다. 첫째, 발레가 웅장하고 격식있는 대형무대에서 공연되는 데에 비해 즉흥접촉은 격식이 없고, 관객과의 물리적 거리가 매우 짧은 소형무대에서 수행된다. 둘째, 발레가 부르조아적 춤이라면 즉흥접촉은 격식 없이 자유로이 실행하고 사교하는 마치 잼세션(jam sessions)[5)]과 같은 형태의 춤이다. 셋째, 발레가 몸을 통제하고 일종의 문법과 같은 자세와 동작의 기법에 따라 엄격하게 실행

3) Helen Thomas, *The Body, Dance and Cultural Theory* (Palgrave Macmillan, 2003), 102~105쪽.

4) Helen Thomas, *The Body, Dance and Cultural Theory* (Palgrave Macmillan, 2003), 107쪽.

5) 음악가들이 준비를 하지 않은 채 모여서 연주하면서 사교도 하고 정보도 교환하는 모임인 jam sessions과 같은 형태의 모임을 가리킨다.

된다면, 즉흥접촉은 몸을 어떤 정형적인 구속으로부터도 자유롭게 하고, 그런 자유의 상태에서 — 비록 즉흥춤 공연의 프레임은 짜여 있지만 세부사항에서는 어떤 양식도 없이 — 즉흥적으로 등장하는 새로운 움직임의 가능성을 탐구한다.

발레(Ballet)	즉흥접촉(contact improvisation)
대형무대	소형공간
춤의 문법성	춤의 즉흥성
시각중심성	촉각중심성
남과 여의 구분	남과 여의 구분해체
공적 수행	사적이며 공적인 수행
무용수와 관객의 구분	무용수와 관객의 경험공유

[전통춤의 즉흥성] 즉흥성의 측면에서는 즉흥접촉춤과 우리나라 전통춤인 살풀이춤이 매우 유사하다. “즉흥이란 춤을 추는 사람이 짜인 틀에 연연하지 않고 자유자재로 원가락(본래의 가락)의 틀을 변화시켜 추는 것을 말한다.”[6] 살풀이춤은 우리춤의 토대가 되는 춤이다. 흔히 즉흥무라고 불린다. 틀은 있지만 구체적인 자세나 동작의 양식에서 자유를 누리는 점은 즉흥접촉춤과 같다. 즉흥춤은 한국 전통춤이나 무속문화에 뿌리내려 있기 때문에 한국인이 즉흥접촉춤을 실연할 경우에는 전통문화가 재해석되어 즉흥접촉춤의 포스트모던적 연대와 융합될 수 있다. 이럴 경우 즉흥접촉춤은 세방화(Glocalization)의 현상[7]으로 이해될 수 있다.

6) 이애주, “춤과 과학. 우리춤의 온 과학적 속성”, *비교민속학* (제28집, 2005), 61쪽.

7) 비슷한 관점으로 하선애, “글로벌리제이션에서 글로컬리제이션”, *공연과 리뷰* (제45호, 2004), 131~141쪽.

넷째, 발레가 시각중심의 아름다움을 좇는다면, 즉흥접촉은 촉각중심의 심미적 체험을 좇는다. 다섯째, 발레에서는 남자와 여자의 역할이 나눠져 있고, 듀엣은 남녀가 구성하지만, 즉흥접촉은 남남-듀엣이나 남녀남의 접촉만남도 허용한다. 여섯째, 발레는 문법적인 몸짓 이외의 실행을 허용하지 않음으로써 무용수들의 사적 관계를 철저하게 배제하지만, 즉흥접촉은 공사의 구분을 배제한다. 즉, 즉흥접촉은 무용수들이 서로 성적·심리적 만남에 거리를 둔다는 점에서 공적 실행을 하는 것이지만, 동시에 즉흥적 접촉으로 사적 실행을 하기 때문이다. 일곱째, 발레에서는 무대 위에서 춤추는 무용수와 객석에서 관람하는 관객이 주체와 객체로 엄격히 이분되지만, 즉흥접촉에서는 관객도 즉흥접촉의 참여자가 되기도 하고, 무용수들의 몸냄새와 숨소리를 함께 체험하는 주체가 된다.

Ⅱ. 감성의 법으로서 즉흥접촉

이런 대척을 이루는 특징들을 고려할 때, 발레를 근대법(이성법)의 기호로 바라본다면, 즉흥접촉춤은 감성의 법을 기호화한다고 볼 수 있다. 이 점을 이해하기 위해 먼저 인간의 인지유형을 나누어 볼 필요가 있다. 여기서 유형은 철학적 엄밀성을 지닌 구분이 아니라, 아래에서 설명하는 바와 같이 법영역에서의 실천성을 지닌 구분임을 먼저 일러둔다.

1. 인지의 유형에 의한 이성법과 감성법의 구별

첫째, 의식의 지배를 받아 사물을 과학적으로 인식하고, 논리적으로 추론하고 아울러 그 가치를 체계적으로 평가하는 인지작용을 이성(understanding, Vernunft, Verstand)으로 개념화 할 수 있다. 이런 이성과 대척점을 이루는 인식작용, 즉 비과학적으로, 비논리적으로, 비체계적으로 사물을 파악하는 인식작용을 감정(느낌, feeling, Gefühl)이라 부를 수 있다. 이에 비해 사물을 인식하는 것이 아니라 지각하는 작용으로 감각과 직관을 들 수 있다. 감각(sensing)은 5관(눈, 귀, 코, 피부, 혀)에 의한 지각이고, 직관(intuition, Anschauung)은 감각(또는 그에 따른 관찰)에 의존하지 않는 지각의 총체로서 감각의 대척점에 위치한다.

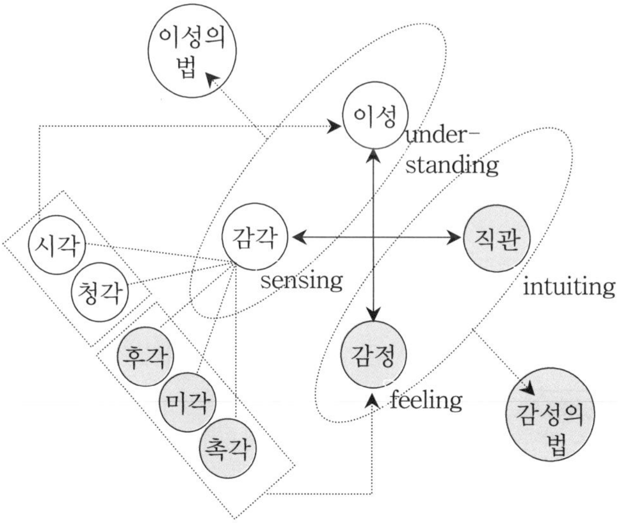

도표 9: 인지작용의 유형

(1) 이성, 감정, 감각, 직관의 법

법은 네 가지 인지작용에 의해 형성될 수 있다. ① 근대법의 전통에서 법은 원칙적으로 이성의 법이다. 특히 자유의 공평한 향유를 가능케 하기 위해 각 개인에게 배분되는 권리와 의무의 정합적인 체계로서 법은 실천이성에 의해 생성되는 것이다. ② 이성의 대척점에 있는 감정은 흔히 법원이 법감정에 의해 판결을 할 때 법을 생성시키는 인지작용이 된다.

> 가령 종교단체가 설립한 학교(종립학교)가 그 종교를 따르지 않는 학생들에게까지 "보편적인 교양으로서의 종교교육의 범위를 넘어서서 학교의 설립이념이 된 특정의 종교교리를 전파하는 종파교육 형태의 종교교육을 실시하는 경우 … 법감정에 비추어 볼 때 용인될 수 있는 한계를 초과한 종교교육이라고 보이는 경우에는 위법성을 인정할 수 있다."[8)]

③ 직관은 우리나라 법관들이 판결의 정의를 발견하는 인지작용의 주된 형태이다. 법전은 이성의 작용으로 구축된 데에 비해, 그 법률을 구체적 법규범으로 실현하는 과정에서 법관의 인지작용은 주로 직관인 경우가 많다.[9)]

> 예컨대 닭에게 사료를 먹인 후 산란율이 급감했지만 그 원인이 명확하게 밝혀지지 않았음에도 사료업자에게 불법행위법상의 손해배상책임을 인정하는 것[10)]은 직관적 판단에 의한 경우가 많다.

---

8) 대판 2010.4.22., 2008다38288(전원합의체).

9) 대법원은 직관적 판단을 중심으로 법을 적용하기 때문에 채무불이행책임보다는 불법행위책임으로 배상책임을 구성하고, 그로 인해 불법행위법은 비대하게 성장하고, 계약법은 발육부진 상태에 있게 되었다는 분석으로 조규창, "논리와 직관: 대법원민사판례를 중심으로", *논리와 직관* (법문사, 1998), 1~9쪽 참조.

특히 법률의 구체적 의미를 정하는 포섭(Subsumption)의 과정이 오로지 직관에 의해서만 이루어지기도 한다. 예컨대 어떤 상표가 상표법상 기술적(記述的) 상표, 즉 "그 상품에 산지 · 품질 · 원재료 · 효능 · 용도 · 수량 · 형상(포장의 형상을 포함한다) · 가격 · 생산방법 · 가공방법 · 사용방법 또는 시기를 보통으로 사용하는 방법으로 표시한 표장만으로 된 상표"(제6조 제1항 3호)에 해당하는지 여부는 논리적 · 이성적 · 감각적으로, 또는 감정적으로 판단되지 않고 '직관적으로' 판단된다.

가령 왼쪽 위의 상표는 화재방지 · 예방의 성질 · 효능이 있는 수성도료, 페인트를 판매대행하는 업에 관한 것이어서 기술적 상표에 해당한다는 판단[11]이나 왼쪽 아래의 상표의 'Jazz' 부분은 설명적 의미를 인식할 수 없을 만큼 문자인식력을 압도하여 일반인의 특별한 주의를 끌 정도라는 점에서 기술적 상표에 해당하지 않는다는 판단[12]은 모두 "직관적 인식"[13]의 결과이다.[14] 이런 판단은 비록 시각을 사용하지만 시각이 결정해주는 것이 아니며, 감정상의 선호가 결정해주지도 않고, 이성의 논리적 추론이 결정해주는 것도 아니다.

---

10) 가령 대판 1977.1.25, 75다209 참조. 이런 직관적 판단의 경향은 우리나라 대법원의 판례에 전방위적으로 퍼져있다.

11) 대판 2007.3.15, 2005후452.

12) 대판 2002.6.11, 2000후2569.

13) 판례는 이를 "직관적 인식"(대판 1987.2.24, 86후132; 1986.10.28, 85후40,41; 1986.3.25, 84후81; 1986.2.11, 85후76 등 참조)으로 표현한다.

14) 이 판단에서 '직관적 인식의 가능성'만이 아니라 '특정인의 상표독점방지'라는 공익적 측면을 보충적으로 고려하자는 노갑식, "기술적 상표의 판단기준으로서의 직관적 인식의 가능성과 공익적 고려", *특허소송연구* (제4집, 2008), 437~456쪽 참조.

④ 감각은 주로 법률텍스트를 적용할 사안을 구성하는 과정에서 작동하는 인지작용이다. 예컨대 증언은 말의 내용만이 아니라 말하는 증인의 표정에 대한 시각적 인지, 그의 목소리 떨림에 대한 청각적 인지를 고려할 때에만 비로소 그 신빙성을 판단할 수 있다.[15] 물론 감각은 이성이나 감성에 작용함으로써 실체법의 형성에 간접적으로 기여하기도 한다.

(2) 감각의 이성법

현상학적 분석으로 어떤 춤에서 어떤 인지작용이 중심인지를 파악하고, 그 유형에 따라 각 유형의 춤을 법의 기호로 배치시킬 수 있다. 가령 발레는 시각 중심이고, 즉흥접촉춤은 촉각 중심이며, 탱고는 후각 중심이라고 현상학적인 분석을 했다고 하자. 발레는 이성법의 기호로, 즉흥접촉춤은 감성의 법, 그러니까 (법)감정이나 직관에 의해 그 정의판단으로 생성되는 법의 기호로 배치될 수 있다. 이 배치에서는 먼저 감정과 직관에 의해 생성되는 법을 감성법(예: 법감정, 직관적 법인식)으로 총칭하고, 이성과 감각에 의해 생성되는 법을 이성법으로 총칭하기로 한다. 감각이 감정과 한짝을 이루지 않고, 이성과 한짝을 이루는 이유는 시각이나 청각과 같은 감각은 이성의 중심을 이루고 있는 의식의 지배 아래 놓여 있기 때문이다.

---

15) 이를 하쎄머(Hassemer)는 장면적 이해(szenisches Verstehen)라고 부르는데, 이 개념을 나는 마당적 이해라는 개념으로 한국화하고 동시에 스토리텔링의 요소를 추가하고 그 요소의 법미학적 차원을 새롭게 구축한 바 있다. 자세히는 Sangdon Yi, "Der Einfluss von Winfried Hassemers Konzept des szenischen Verstehens auf die Strafprozessreform in Südkorea", *Festschrift für Winfried Hassemer* (C.F.Müller Verlag Heidelberg, 2010), 1103~1117쪽; 이상돈, *기초법학* (법문사, 2010), 450쪽 아래 참조.

[의식의 감각에 대한 지배의 예로서 소송법상 검증] ① 가령 형사소송법에서 증거방법이나 범죄현장 등을 인식하는 것을 검증(檢證)이라고 개념화하는데, 흔히 검증의 개념은 사람, 물건, 장소의 성질·형상을 신체오관의 작용으로 인식하는 강제처분으로 정의된다. 그러나 검증의 실질은 사물의 상태를 과학적으로 인식하고, 그 인식을 토대로 논리적인 추론을 하며, (그 사물의 증거가치를) 체계적으로 평가하는 이해활동임을 고려하면, 검증의 개념에서 오관에 의한 감각작용은 이성적인 이해활동의 수단으로 기능한다고 할 수 있다. ② 물론 이와 같은 검증 개념의 감각의존성 및 감각에 대한 의식의 지배라는 의식중심성은 극복되어야 한다. 첫째, 감각의존성은 검증이 단순히 시각으로 인지한 내용을 단지 언어적으로 표현하는 행위가 아니라는 점에서 부정된다. 왜냐하면 시각적 인지내용은 의식의 작용으로 무엇을 보려고 하는지에 따라 달라지기 때문이다. 둘째, 의식중심성은 눈으로 보고 있는 바의 내용이 — 시각의 작용 그 자체도 아니지만 — 의식의 배후에 있는 이해관계(인식관심)나 무의식 속의 욕망에 의해 지배된다는 점에서 부정될 수 있다. ③ 검증은 상당 부분 한 인간의 감각기관에 의한 인식의 활동이 아니라 상호이해에 지향한 주관적 체험의 언어적 서술이다. 예컨대 범죄현장의 검증에서 교통사망사고 피의자가 중앙선을 침범하기 시작한 지점과 부딪힌 지점을 경찰의 요구에 따라 손가락을 가리키는 행위는 경찰관의 시각적 검증의 범위를 특정하는 행위가 아니라 중앙선 침범의 과실을 인정하는 진술(자백)로서 취급된다.[16)]

2. 시청각의 이성법과 촉각의 감성법

그러나 감각 가운데에서도 촉각, 후각, 미각 중심의 춤은 감

---

16) 이를 형사소송법학에서는 검증조서에 기재된 진술의 증거능력에 관한 수정설이라고 본다. 수정설에 관해서는 배종대·이상돈·정승환·이주원, *신형사소송법* (홍문사, 2011), 641쪽.

성법의 기호로 배치될 수 있다. 여기서 발레의 시각이나 즉흥접촉춤의 촉각이나 모두 감각작용인데도 시각은 이성법의 현상학적 특징으로, 촉각은 감성법의 현상학적 특징으로 배치되어야 하는 이유를 따져볼 필요가 있다. '시청각 교육', '시청자'라는 말에서 보듯 시각(視覺)과 청각(聽覺)은 의식의 작용에 기여한다. 의식(cogito)의 법이 낳은 이성법은 법텍스트라는 언어적 기호 속에 제도화되어 있는데, 텍스트는 냄새를 맡거나 만지거나 맛을 볼 수 없지만 보거나 (낭독할 경우에) 들을 수 있다. 그렇기에 춤에서 시각과 청각이라는 감각(sense)을 중심으로 삼는 춤은 이성법의 기호로 읽기 쉽다. 의식의 작용이 글을 낳고, 글을 보고 읽고 들음으로써 의식과 글과 시각과 청각은 하나가 되기 때문이다.

이에 비해 후각(嗅覺), 촉각(觸覺), 미각(味覺)은 텍스트의 형성과 이해에 직접 도움을 주지 않는다. '시청자'라는 말은 있어도 '후촉자'라는 말은 없다. 이는 후각과 촉각은 TV가 전달하는 정보들을 처리하는 역량이 없음을 말한다. 후각, 촉각, 미각은 의식의 작용과 직접적으로 연합하기보다는 감정(느낌)의 작용과 연합한다. 가령 향기로운 냄새를 맡거나 부드러운 피부에 닿으면 바로 그로 인해 직접적으로 행복한 느낌이 생길 수 있다.[17] 그러므로 촉각이 중심을 이루는 즉흥접촉춤은 감성법을 기호화한다고 할 수 있다. 여기서 즉흥접촉춤이 감정의 법을 기호화한다고 보는 것의 구체적인 의미는 두 가지 측면에서 살펴볼 필요가 있다.

— 즉흥접촉춤의 현상학적 특징을 이루는 촉각 중심성이 법

17) 물론 후각과 촉각의 좋은 경험이 의식에 미치는 영향은 직접적인 것(예: 사용하는 언어의 세분화)이 아니라 간접적인 것(예: 의식활동의 왕성화)이라는 점에서 구분된다.

에서 갖는 의미(아래 III.)
— 즉흥접촉춤의 사회문화적 의미가 법에서 갖는 의미(아래 IV.)

Ⅲ. 즉흥춤의 촉각과 법의 질감미

1. 법감정으로서 즉흥춤의 촉각

즉흥춤에는 공연의 큰 틀(프레임)은 있어도 개별적인 몸짓의 양식이 없다. 무용수들이 어떤 몸짓을 펼칠 것인지는 각 무용수의 고유한 결정에 맡겨져 있다. 그 결정의 방향을 지시하는 어떤 규칙도 없다.

(1) 실존을 소통시키는 촉각

즉흥춤에서 무용수들이 몸짓을 양식 없이 연속적으로 전개하게 만드는 가장 중요한 힘은 각 무용수들 사이에 일어나는 신체적 접촉이다. 이 접촉이 어떤 신체부위에 어떤 면적으로 얼마동안 그리고 어떤 강약으로 이루어지느냐가 그 이후 전개되는 몸짓의 중요한 변수가 된다. 이 변수는 무용수들의 감성적 만남과 그것을 통한 새로운 자기이해와 자기창조에 중대한 영향을 미친다. 즉흥춤을 앞에서 촉각 중심의 춤이라고 했을 때 '촉각'(sense of touch)이란 단순히 피부면에서 일어나는 감각만을 의미하는 것이 아니라 이와 같은 '몸과 마음이 통합되는 만남과 그것을 통한 자기이해와 자기창조를 일으키는 총체적 느낌'을 말한다.

[봉산탈춤에서 소통적인 시선의 접촉] 우리나라 전통춤인 봉산

> 탈춤도 신체접촉을 통한 소통의 이미지를 매우 다양하게 보여준다. 특히 접촉의 개념이 손과 팔, 신체와 신체에 의한 접촉뿐만 아니라 시선의 접촉으로 확장되어 있다는 점은 매우 눈에 띤다. 짧은 시선과 긴 시선, 시선에 수반하는 신체동작이나 소도구의 동시적인 이용에 따른 의미변화, 시선의 각도, 위치, 자세에 따른 의미변화, 상호적 시선과 일방적 시선, 개인적 시선과 집단적 시선 등, 시선의 화용론적 차원이 매우 풍부하다.[18] 그러나 봉산탈춤에서 시선은 서양 발레의 시각중심성과 같은 것이 아니라 오히려 소통지향적인 즉흥접촉춤의 촉각중심성과 유사하다. 반면 즉흥접촉춤에서도 몸의 접촉은 "서로의 눈빛이 만나고 각국의 언어가 만나며, 개개인의 이동방향이 만나"[19]는 컨텍스트 속에서 이루어짐으로써 소통의 기의를 갖는다.

그러므로 촉각은 무용수들이 실존감을 소통시켜 각자의 새로운 실존을 창출하는 매개체가 되는 것이다.

(2) 즉흥춤의 촉각과 법감정의 유비적 구조

춤이 법의 기호라고 할 때, 이러한 총체적 느낌으로서 촉각은 법감정으로 번역될 수 있다.

1) 이성과 차이나는 꿈 여기서 법감정이란 대법원이 말하는 "국민 일반의 가치관 내지 법감정"[20]과 같은 윤리적 기획이 아니다. 법감정은 이성법의 전통에서 벗어나 있으면서 이성법적

---

18) 이에 관한 자세한 분석으로 김영순 · 김정은, "신체 특성과 신체 접촉의 기호화용론적 구조. 봉산탈춤과 노장과장을 중심으로", *한국언어문화* (제29집, 2005), 209～234쪽.

19) 이선, "10인의 접촉, 10가지 색채", *공연과 리뷰* (제49호, 2005), 174쪽.

20) 수많은 판결들에서 이 용어가 사용되지만 최근 예로 대판 2007.8.23, 2007도4818 참조.

사고로 생산해낼 수 없는 정의를 꿈꾸는 감정이다. 이 감정은 이성법적 기획과의 '차이'를 본질적인 요소로 하며, 폭넓은 공감(empathy)을 획득할 수 있는 것이어야 한다. 이는 즉흥춤의 접촉이 발레와 같은 시각적 이성에 의해 창출할 수 없는 새로운 심미적 체험을 가능케 하는 원동력이 되며, 다른 무용수가 고유한 몸짓을 펼치게 하고, 또 다른 접촉으로 이어지게 하려는 — 뒤에서 설명하는 접촉의 연속을 가져오는 — 동기, 즉 춤의 공감을 불러일으킬 수 있어야 하는 것과 같다.

2) 개인체험의 보편화 　　그런데 이성법과의 차이를 본질적인 요소로 삼는 법감정의 핵심은 아름다움의 체험이다.[21] 즉 어떤 개인이 어떤 현상에서 아름다움을 체험하고, 그 체험이 다른 사람들에 의해 공유됨으로써 사회적인 정의가 되고, 그 정의가 법률이나 판결의 내용이 되는 것이다. 이때 법감정은 공유되는 체험이 아름다움이라는 점에서 윤리적 선이나 도덕적 옳음을 내용으로 하는 이성법의 전통과는 본질적인 차이를 갖는다. 이런 차이는 즉흥춤과 발레의 본질적인 차이와도 같은 것이다. 즉, 즉흥춤에서 접촉은 모든 양식으로부터의 해방된 새로운 아름다움의 체험을 공유하게 하는 반면, 발레에서는 이성적으로 짜여지고 의식적으로 통제된 몸짓의 문법에 의해 아름다움을 창출한다. 요컨대 즉흥춤은 '공감'에 의해 비로소 아름다움이 생성되지만, 발레는 그 춤의 '문법'에 의해 이미 아름다움이 생성되는 것이다.

여기서 법감정과 접촉의 유비적 구조가 확인된다. 즉흥춤의 접촉이 개인적 몸짓으로 표현되는 개인의 심미적 체험을 보편적

21) 이런 이론을 처음 전개한 이상돈, *법미학* (법문사, 2008), 86~91쪽 참조.

아름다움의 체험으로 변환시키는 매체인 것처럼, 법감정은 법의 영역에서 개인의 심미적 체험을 객관적인 정의로 변환시키는 매체가 된다고 할 수 있다.

2. 춤의 인간미와 법의 질감미

접촉춤의 추동력인 촉각이 법감정을 기호화한다면, 그리고 법감정이 공감되는 아름다움의 체험이라면, 이때 아름다움은 어떤 것인지가 좀 더 밝혀질 필요가 있다.

(1) 질감과 촉감

발레의 시각적 아름다움이 정교한 기하학적 조형미를 구현한다고 보면, 즉흥춤의 촉각적 아름다움은 이와는 다른 아름다움이어야 한다. 촉각이 피부의 감각에서 시작하여 실존을 소통시키는 총체적인 느낌의 공유에 이르게 되는 전 과정의 인지작용이라면, 촉각의 법적 의미는 법이 규율하는 어떤 사안에 대해 사람들이 공통으로 체험할 수 있는 질감(texture)과 같은 것이라 할 수 있다. 법에서 질감은 법률텍스트에서 체험되지 않고 그 텍스트가 적용되는 사안에서 체험된다. 해석학적인 이해로 보면, 법은 법률텍스트와 사안(사건)이 서로 수렴될 때(또는 상응(Entsprechung)될 때) 구체적인 규범으로 생성된다.[22] 이때 구체적인 법규범이 정의로운 것이 되려면 텍스트의 의미를 올바르게 이해하기만 하면 되는 것은 아니다. 텍스트의 의미는 — 비트겐슈타인(Wittgenstein)의 사용이론[23]에 의하면 — 그것이 적용될 사안에 의해 비로소

22) 이 해석학적 구조에 관해서 자세히는 이상돈, *법이론* (박영사, 1996), 203쪽 아래 참조.

23) 비트겐슈타인은 "한 단어의 의미는 언어 속에서의 그의 사용이다"(Die Bedeutung eines Wortes ist sein Gebrauch in der Sprache)라는 화용론적 전환

형성되는 것이고, 과거의 사안을 통해 형성된 텍스트의 의미는 현재 그리고 미래의 사안에 적절하게 적용될 수 있는 의미소를 아직 축적시키지 못한 상태에 있다.

(2) 즉흥춤의 전미래시제와 법의 차연적 구조

그렇기 때문에 법률텍스트(의 올바른 해석)만으로 정의를 실현하려 한다면 "결정불가능성(indécidabilité)의 시련"[24](the ordeal of undecidability)을 겪을 수밖에 없다. 그래서 프랑스의 해체주의 철학자 데리다(Derrida)는 법은 마치 유령[25]과 같은 것이라고 보았다. 여기서 데리다의 이론을 전용해보면, 법률텍스트는 그 의미가 완결되어 있지 않고 (미래의) 구체적인 사안에 자신의 의미를 '차연'(différance)시키고 있다고 말할 수 있다. 바꿔 말하면 법률을 사안에 적용한다는 것은 미래의 어느 시점에 가서야 (그때의 법률적용은) 적절한 '것이었던 게 될 것이다'라는 전미래시제(futur antérieur)[26]가 된다.

이런 법적 정의의 전미래시제적 성격은 바로 즉흥춤의 심미적 체험이 갖는 성격과 똑같다. 즉흥춤에서 어떤 몸짓의 아름다움은 사후적으로만 결정된다. 왜냐하면 즉흥춤의 아름다움은 어떤 신체적 접촉이 실존을 소통시키는 공감의 아름다움을 창출하는데 적절한 것일 때 비로소 생성되는데, 그런 적절성 여부는 그

(pragmatik turn)으로 불리는 유명한 명제를 제시하였다(L. Wittgenstein, *Philosophische Untersuchungen* [Ffm., 1982], §43 참조). 또한 이 명제를 법률해석이론으로 발전시킨 이상돈, *법이론* (박영사, 1996), 178쪽 아래 참조.

24) J. Caputo, *Deconstruction in a Nutshell: A Conversation with Jacques Derrida* (Fordham University Press, 1997), 138쪽.

25) J. Derrida(진태원 옮김), *마르크스의 유령들* (문학과 지성사, 2007) 참조.

26) 이상돈 · 이소영, *법문학* (신영사, 2005), 167~168쪽; J. Derrida(진태원 옮김), *마르크스의 유령들* (문학과 지성사, 2007), 392~395쪽 참조.

접촉 이후 전개되는 접촉들과의 '연속선상에서' '사후적으로' ('이전의 접촉은 적절한 것이었다'는 식으로만) 판단할 수 있기 때문이다. 이 점은 발레에서 어떤 동작의 아름다움이 그 동작을 하는 순간에 '이미' 그 동작이 문법적으로 정확한 것인지 여부에 의해 대부분 결정되는 것과 매우 대조된다. 이처럼 즉흥춤에서 아름다움을 창출하는 데 있어 신체적 접촉의 적절성에 대한 공감과 법적 정의는 똑같이 시축화(temporalisation) 속에서만 가능한 것이다.

(3) 춤과 법에서 인간미 생성의 자유적 과정

이제 즉흥춤에서 아름다움에 대한 공감을 불러일으키는 몸짓의 추동력으로서 접촉은 법감정으로 변화되는 아름다움의 소재와 같은 것이 된다. 법감정의 소재는 '언어적-논리적'인 것이 아니라 '이미지적-감성적'인 것이다. 이런 소재는 사안의 무한한 빛깔에서 찾을 수 있다. 사안은 이런 것이다.

> "무한대의 데이터 뭉치이며, 보는 이의 이념적 색깔에 따라 그 이념에 적합한 데이터가 다르게 선별되어 사안은 다른 색깔의 빛을 발산한다. 사안의 데이터들은 서로 정합적이어서 사안에 대한 촉감이 매끈할 때도 있지만, 서로 부정합적이어서 까칠할 때도 있다. 사안의 구체적 데이터들은 연민을 불러일으키기도 하고, 거꾸로 분노를 증폭시키기도 한다. 사안은 우리에게 논리적으로 말을 걸기보다는 어떤 다른 이미지를 연상하게 만든다. 사안은 대칭성과 균형성으로 진실함을 느끼게 하기보다는 인간적인 따뜻함과 냉정함으로 진실과 거짓을 느끼게 만든다. 사안의 이 모든 특성들은 사안의 아름다움이 기하학적 조형미가 아니라 질감미라고 말할 수 있게 한다."27)

27) 이상돈, *법미학* (법문사, 2008), 127~128쪽.

법에서 질감미의 체험을 통해 사안의 의미를 해석하고 법률 텍스트와의 상호적 수렴을 도모하는 법률적용의 과정은 마치 접촉춤의 미학적 체험과정과 같다. 접촉춤에서 미학적 체험은 공감의 형식으로 이루어지며, 이 공감은 춤에 참가하는 모든 사람들의 실존을 소통시키는 과정이라는 점에서 인간미가, 그리고 그런 과정은 새로운 자기이해와 자기창조의 과정이라는 점에서 "자유적 과정"(liberatory process)[28]이 된다. 그렇기에 법에서 사안의 질감미를 고려하는 것은 "인간의 인격성에서 총체성과 하모니를 부활시키는"[29] 과정이 된다.

Ⅳ. 즉흥접촉춤과 법의 구조변화

즉흥춤은 현대무용까지도 겪고 있는 창조성의 고갈상태에 수분을 공급하는 마르지 않는 샘과 같은 춤이다. 모든 즉흥춤에서는 모든 것이 변하는데, 변하지 않는 유일한 것이 있다면 그것은 바로 늘 변화한다는 것이다. 그런 변화를 통해 즉흥춤은 새로운 자기인식의 창조를 돕는다. 새로운 자기의 획득은 바로 해방이며, 그렇기에 즉흥춤은 춤의 해방적 의미를 극대화한다. 그러나 즉흥춤의 해방적 의미는 파괴적인 것이 아니라 생산적인 것이다. 이를테면 즉흥춤은 서구의 지성사적 전통으로서 신체와 정신의 이

---

28) D. Manderson, "Quodlibet: Just Aesthetics and the Aesthetics of Justice", *Songs without Music: Aesthetic Dimension of Law and Justice* (University of California Press, 2000), 193쪽.

29) B. de Sousa Santos, *Toward a New Common Sense: Law, Science, and Politics in the Paradigmatic Transition* (Routledge, 1995), 52쪽.

원주의를 부정하고 그 둘을 통합하는 지향성을 갖는다. 발레와 같이 춤추는 자의 감정과 춤추는 형식 사이의 분리도 해체한다. 이는 예술의 세계에서 뿐만 아니라 지성사적으로, 정치적으로도 하나의 혁명이라고 할 수 있다. 여기서 즉흥춤이 기호화한 법은 포스트모던 법의 최전방에 있게 된다. 이 최전방의 모습을 두 가지 점에서 그려보기로 한다.

1. 즉흥춤의 민주성과 법의 구조적 변화

그 첫 번째의 모습은 즉흥춤의 민주성이다. 발레가 안무가를 정점으로 한 위계질서의 체제, 때로는 흡사 포악한 군주정(君主政)과 같은 모습의 체제에서 수행되는 반면, 즉흥춤은 무용수 각자의 고유한 결정이 연쇄적으로 이어지는, 지극히 민주적인 체제에서 수행된다. 즉흥춤이 예술적 공감을 주는 시대에 즉흥춤의 민주성은 법질서에 세 가지 함의를 가져온다.

— 법은 사회의 다양한 행위자들에 의해 다원적으로 형성된다. (아래 (1) 참조)
— 법규범들 사이에 통일성이 해체된다. (아래 (2) 참조)
— 헌법과 법률들 사이의 위계질서가 해체되고 수평적 상호작용의 관계가 형성된다. (아래 (3) 참조)

(1) 즉흥춤의 민주성과 법다원주의

오늘날 법다원주의(legal Pluralism)는 새로운 법의 변화 모습을 규정짓는다. 이에 따르면 ① 법규범과 사회규범 사이의 날카로운 구획이 사라지고, ② 법규범의 적용을 받는 모든 행위자들이 그 법을 정립하는 절차에 참여하는 행위자가 될 가능성이 확보되고, ③ 법은 그와 같이 다양한 사회적 행위자들 사이의 규율에 대한 합의 절차가 실제로 효력이 있을 때 비로소 정립할 수 있게 된다.[30] 이 법다원주의의 의미는 즉흥춤의 기호로 풀이 될 수 있다. 이를테면 ① 즉흥춤이 무용수들의 몸짓을 지시하는 일체의 '양식'을 거부함으로써 춤의 전개는 각 무용수들이 그때그때 '접촉'을 가능케 하는 몸짓들의 형상에 의해 이루어진다. 여기서 춤의 '양식'과 춤의 실행(퍼포먼스)의 구별이 사라진다. 이는 마치 법규범과 사회규범의 경계가 흐릿해지는 것과 같다. 또한 ② 춤의 전개가 각 무용수들의 고유한 결정에 의해 형성된다는 것은 법이 그 적용을 받는 모든 행위자들이 참여하는 절차에서 형성되는 것과 같다. 그리고 ③ 각자가 서로 다른 몸짓을 하면서도 접촉의 가능성을 지향하는 것은 수범자들의 규율에 대한 유효한 합의절차를 가리킨다.

[법다원주의의 예] 법다원주의의 예로 기업의 회계기준은 금융위원회의 사전승인을 받아야 하지만 그 실질은 공인회계사회라는 민간기구가 정립하는 것[31]을 들 수 있다. 법다원주의는 국내 단위에서 뿐만 아니라 초국가적 단위에서도 확산되고 있다. 마치 즉흥춤이 전 세계에 퍼져 있는 것과 같다. 대표적으로 인권규범을 들 수 있다. 오늘날 인권은 인간의 존엄과 같은 보편적 규범으로 연역적으로 도출되는 것이 아니라 다양한 문화와 고유한 체제 속에서 지역화된 형태로 성장하여 '다투어질 수 있는 보편성'만을 갖는 경우가 많다. 예를 들어 정리해고를 당하지 않을 노동자의 이익은 각국의 자본주의 체제에 따라 인권적 수준의 권리가 되기도 하고, 그

30) 이런 이해에 관해 자세히는 이상돈, *인권법* (세창출판사, 2005), 139쪽 아래 참조.

31) 주식회사의 외부감사에 관한 법률 제5조 제2항; 이에 관해 자세히는 이상돈, *부실감사법* (법문사, 2007).

렇지 않기도 하다.[32] 동성애가 역사적으로 범죄에서 합법적인 것으로 승인되는 단계를 거쳐 결혼의 권리로까지 확장되는 것이 동성애자들의 인권인지 여부는 각국의 문화적, 종교적, 정치적 상황에 따라 다르게 결정된다. 동성애자들에게 혼인권을 인정하는 것이 인권보장이고, 인정하지 않는 것은 인권침해가 되는 그런 보편성은 존재하지 않는다.[33]

(2) 즉흥춤의 민주성과 법질서의 비통일성

즉흥춤의 민주적 특징 가운데 춤추는 사람들 각자의 고유한 결정은 어떤 궁극의 통일성을 지향하지 않고, 각자의 삶을 표현할 뿐이다. 그래서 때로는 '난장'처럼 보이기도 한다. 그러나 그 표현들의 상징적 의미들은 그때그때 서로 조화를 이루고 있거나, 설령 갈등을 보이더라도 그 갈등은 춤의 전체적 프레임이 유지되는 가운데 각자의 자기성찰과 인간성의 표현[34]이라는 연대를 잃어버리지 않는다. 여기서 즉흥춤의 프레임은 민주적 법치국가의 프레임에 견줄 수 있다. 그 프레임이 깨지지는 않으면서 각각의 법들은 서로에 대해 정합적일 수도 있고, 비정합적일 수도 있다. 이제 법들 사이의 통일성은 강제되지 않는다. 가령 자본시장이 자유의 이념으로 짜여지는[35] 반면, 의료시장이 사회국가(부분적으로는 사회주의)의 이념으로 짜여지는[36] 것은 법의 이념적 통

32) 이상돈, *인권법* (법문사, 2005), 134~135쪽 참조.

33) 이런 이해로 이상돈, *로스쿨을 위한 법학입문* (법문사, 2009), 14쪽 Q&A [동성애와 동성혼] 참조.

34) 비슷한 관점으로 권옥희, "즉흥춤의 힘: 서울국제즉흥춤축제의 9시간 즉흥난장", *공연과 리뷰* (제73호, 2011), 177쪽.

35) 이를 수행하는 대표적인 법률로 「자본시장과 금융투자업에 관한 법률」을 들 수 있다.

36) 이를 수행하는 대표적인 법률로 「국민건강보험법」을 들 수 있고, 의료체계의 법이 아니라 의료인들의 생활세계를 규율하는 「의료법」도 최근에는 사회보장적 의료체계의 이념이 침투하고 있다. 이 점에 관해 자세히는 이상돈,

일성을 더 이상 이룰 수 없게 된다. 시장부분마다 다른 이념적 성향이 서로 어우러져 전체적으로 통일적인 법체계를 말할 수 있을 만큼의 조화를 이룬다는 것도 현실에서는 가능하지 않다. 현실은 각 부분의 법제들을 둘러싸고 끊임없는 갈등과 대립, 이념적 투쟁들이 전개되고, 그 미래의 변화를 예측할 수 없기 때문이다.

(3) 위계질서의 해체와 법체계의 수평적 구조

즉흥춤의 민주적 특징 가운데 안무가를 포함하여 즉흥춤에 참여하는 사람들 사이의 위계질서가 파괴되고 수평적 관계가 형성된다는 점은 전통적인 법체계의 위계질서형 구조가 수평적 상호작용의 체계로 바뀌는 현상을 기호화 해준다. 근대법의 체계에서는 인간존엄의 이념을 정점에 두고 헌법이 짜이고, 그 헌법의 구체화로서 민법, 형법, 상법과 같은 개별법들이 하위에 놓였다. 이 구조는 단지 효력상의 구조일 뿐만 아니라 생성상의 구조이기도 했다. 그러나 오늘날 헌법과 민법, 헌법과 형법은 효력상 상하의 위계질서를 유지하기는 하지만, 생성의 차원에서는 헌법으로부터 민법이나 형법이 구체화되기만 하는 것이 아니라 민법이나 형법의 발전이 헌법의 구체적 형성과 변화를 이끌어가기도 하는 수평적인 상호작용의 관계가 전개된다. 그래서 다소 수사적으로 말하면 민법이 헌법이 되고,[37] 형법이 헌법이 된다고 말할

"의료법의 개혁방향", *고려법학* (제50호, 2008), 267~295쪽 참조.

37) 이런 입장을 전개하였지만 헌법학자로부터 많은 비판을 받았던 서울대 법대 교수를 지낸 양창수 대법관의 논문을 들 수 있다. 양창수, "양창수, 헌법과 민법", *민법연구* (제5권, 1999), 20~22쪽 참조. 양 대법관은 헌법재판제도에 의해 헌법이 민법을 통제하기는 하지만, 정반대로 민법은 "기본생존양상의 법적 존재형식"을 정하는 "사회의 기본법"(constitution sociale)으로서 국가의 기본법(constitution d'Etat)인 헌법도 존중해야 한다는 주장을 한

수 있다.[38]. 마치 즉흥춤의 무용수 누구나 발레로 친다면 프리마돈나가 되고 동시에 (수석)안무가가 되는 것과 같다.

2. 접촉의 연속과 새로운 사회적 연대의 창출

지금까지 즉흥춤의 기호학적 분석으로만 보면 즉흥춤에서 무용수들은 각자가 끊임없이 새로운 자기이해와 자기창조를 수행하는 유일한 주권자와 같은 존재로 이해되기 쉽다.

(1) 접촉의 불연속적 연속성과 인간상

그러나 즉흥춤의 무용수들은 외로운 개인으로 머물러 있지 않고, 약한 듯 매우 강한 연대를 창출한다. 그 기제의 핵심이 즉흥춤에서는 '접촉의 연속'이다. 즉흥춤이 단일한 듀엣으로 실행될 때에는 신체의 다양한 부위들이 접촉의 연속을 이루고, 집단춤으로 실행될 때에는 여러 무용수들이 다양한 신체부위에서 예측할 수 없는 접촉의 연속을 이어나간다. 즉, 즉흥춤에서는 몸짓의 '양식'은 없지만 '접촉의 연속'은 있다. 이 접촉의 연속은 춤추는 사람들이 예측되지 않는 순서로 끊임없이 접촉을 이어나감으로써 창출된다. 예컨대 무대에서 잠시 잠깐 혼자 춤추고 있던 사람이 '왜 저 사람은 저기서 혼자 춤추고 있나'라고 생각하는 순간, 그는 이미 다른 사람들의 접촉점을 이어나가는 새로운 접촉을 다른 누군가와 하고 있는 것이다. 이처럼 즉흥춤에서 무용수들은 제각기 극도로 자유롭게 움직이는 것 같으면서도 마치 보이지 않는 띠로 연결한 듯한 착각을 불러일으킨다.

바 있다.

38) 이런 입장으로 이상돈, *헌법재판과 형법정책* (고려대학교 출판부, 2005), 19~22쪽 참조.

1) 미시적인 불연속성 　　이러한 접촉은 미시적으로 보면 불연속적이다. 이는 즉흥춤의 몸짓이 안무가에 의해 문법적으로 지시되지 않고, 무용수 스스로, 즉 무용수 자신의 고유한 결정으로 그리고 자유롭고 기회균등하게 몸짓을 결정하고, 그에 따라, 또는 그와 함께 다른 무용수와의 신체적 접촉을 그때그때 상황에 따라 즉흥적으로 설정해가기 때문에 생기는 현상이다.

2) 거시적 연속성 　　하지만 접촉은 거시적으로 보면 연속적이다. 즉흥춤의 전체적 과정에서 바라 본다면 다양한 무용수들의 다양한 신체적 부위가 그때그때 상황에 따라 변화무쌍하게 파트너를 바꾸고, 접촉부위와 시간을 임의적으로 선택하면서도 접촉을 지속적으로 이어나가는 것으로 보인다.

(2) 등가성연쇄의 연대성

바로 이런 접촉의 불연속적 연속은 춤추는 사람들이 자유로우면서도 전체성을 말할 수 있는 연대를 창출하게 만든다. 여기서 즉흥춤의 '춤추는 자아'는 근대적 자아처럼 홀로 진리를 인식하는 '외로운 주체'(Einsames Subjekt)와도 다르고, 동시에 전체주의 사회의 획일화된 개체와 같이 '속박된 자아'와도 구별된다.

1) 연대성을 창출하는 법의 전통적 방식 　　춤추는 자아의 연대는 민주적 법치국가의 전통적 연대인 실질법(예: 주택임대차보호법, 이자제한법, 노동법)의 확장이나 사회국가적 보장(예: 의료보험 등의 사회보험)이 창출하는 사회적 연대와 다르다. 전통적인 연대에서 법은 자유보다는 평등, 생산보다는 분배의 이념을 편향

적으로 좇는다. 그러나 춤추는 자아의 연대는 그런 이념적 편향성이 없다. 즉흥춤에서 접촉의 연속은 자유로우면서도 평등한 주체로 끊임없이 다시 자리매김시킨다. 어떤 몸짓을 어떤 이념이나 그 이념을 구현하는 문법적 규칙의 실행으로 해석할 수가 없다. 몸짓 하나하나는 이념적으로 중립적이다. 하지만 그 몸짓이 이루는 접촉의 연속은 사회를 변화시키는 힘을 지닌 강력한 연대를 창출한다.

2) 등가성 연대　　접촉의 연속은 법정치학적으로는 등가성연쇄와 같은 것이다. 이를 이해하기 위해서 먼저 사회는 차이들의 불안정한 질서로서, 궁극적으로는 봉합될 수 없는 구성체라고 보는 라끌라우(Laclau)의 견해[39]에 주목할 필요가 있다. 그의 사회관에서 보면 우리는 '사회적인 것(the social)'을 말할 수 있을 뿐이고, 더 이상 합리적이고 완성된 '그' 사회(the society)를 말할 수는 없다. 이런 사회에서 연대를 창출하는 방법이 바로 등가성 연대이다. 즉흥춤에서 접촉의 불연속적 연속성은 비결정적이고 수렴불가능한 차이들 속에서 법을 변혁시키는 기제를 상징한다. 예를 들어 촛불시위를 하는 곳에서 벌어지는 춤판은 라끌라우가 말하는 사회적 적대세력(social antagonism)들 사이에 '접합연쇄'(등가성연쇄, chains of equivalence)를 창출하는[40] 의식이 된다.[41] 춤을 같이 추거나 적어도 참여적 관찰을 하는 사람들

39) Ernesto Laclau, "Metaphor and Social Antagonism", in Cary Nelson and Lawrence Grossberg(eds.), *Marxism and the Interpretation of Culture* (University of Illinois Press, 1988), 254쪽.

40) 이 점에서는 춤과 법문학비평이 같은 기능을 수행할 수 있다. 법문학비평의 이런 기능에 관해서는 이상돈 · 이소영, "법문학비평의 개념, 방법, 이론, 실천", *안암법학* (제25호, 2007), 391~428쪽.

이라면 단일한 계급에 속하지 않는, 그래서 사회변혁의 이념적 코어를 공유하지 않는 사람들(예: 노점상, 실직근로자, 매춘여성, 동성애자, 환경운동가, 종교인 등)이 그들 사이의 차이를 넘어서 그때그때의 이슈(예: 2008년의 소고기수입개방 관련 촛불시위)에 대해 연대를 맺는 접합을 연쇄적으로 갖게 될 수 있다.

[즉흥춤과 오디션열풍의 기호학적 이해] 2009년부터 M.net에서 방송한 '슈퍼스타K'의 성공을 계기로 공중파에까지 다양한 오디션 프로그램이 열병처럼 번졌다. 경쟁사회의 폐해에 찌든 한국사람들이 천문학적 숫자의 경쟁률을 보이는 오디션 프로그램에 열광하는 이유는 무엇일까? 유치원생부터 할아버지까지, 재수생과 실업청년부터 대학교수에 이르기까지 무지갯빛같이 수많은 차이가 있는 사람들이 참여하고, 또한 그렇게 차이가 있는 사람들이 다같이 시청하고 열광한다. 나는 이 열풍을 즉흥춤의 '접촉의 연속'과 '등가성 연대'로 해석할 수 있다고 본다. 수많은 차이의 집단에 속하는 사람들이 경연의 각 부분에서, 흔히 인간드라마로 불리는 각자 다양한 형태의 어려운 과정을 겪으면서도 아름다움을 창출하려는 노력에 의해 피어나는 '숭고미의 연속'이 바로 이 오디션 프로그램에 의해 창출되고 있는 것이다. 그러니까 즉흥춤에서 접촉의 연속은 오디션 프로에서 숭고미의 연속으로 기호화되고, 이는 연령, 성별, 사회계층 등을 넘어서는 사회적 연대를 창출하는 것이다. 그렇기에 오디션프로 중에서도 참가자뿐만 아니라 경연의 종목(예: 노래, 춤, 마술)까지 무한한 차이를 보여주는 경연프로, 예컨대 2011년 tvN에서 시작한 '코리아갓탤런트'(korea's got talent)는 전 국민이 판을 벌리는 즉흥춤의 마당이라 할 만하다.

---

41) 그러므로 나는 촛불시위에서 벌이는 춤판은 과거 이념운동을 할 때 추던 민중춤보다 이 즉흥춤이 제격이라고 생각한다. 이데올로기 투쟁의 풍취를 많이 내는 춤은 촛불시위에서 지양되어야 한다.

이런 접합연쇄(등가성연대)는 이데올로기적 투쟁의 성격을 띠는 사회문제(예: 노동권, 생존권)에서는 적절하지 않다. 그보다는 이념적 좌표를 종적으로도(보수와 진보), 횡적으로도(자유와 평등) 가로지르는 문제들, 이를테면 아마존 원시림의 파괴와 같은 환경문제나 확산되는 인류의 육식을 위해 동물의 자연적인 생로병사를 왜곡하고 동물을 학대하는 축산의 문제처럼 이념적 좌표를 정할 수 없는 현대사회의 거대문제들에서 접합연쇄(등가성연대)는 법(예: 환경관련법, 동물관련법이나 축산물관련법)을 변화시키는 힘이 된다.

> **[즉흥춤의 자연성과 동물학대적 축산의 거부]** 동물학대적인 축산방법을 거부하는 인류의 등가성연대는 즉흥춤에서 접촉의 연속을 창출해가는 몸짓의 자연성에서 그 근원을 찾을 수 있다. 이를테면 즉흥춤은 몸에 작용하는 중력을 인위적으로 통제하려고 하기보다는 몸을 중력으로 환원시킨다. 의지로써 몸의 동작을 순간적으로 펼치려다가 이내 중력에 몸을 맡겨버린 듯 팔을 떨어뜨리고, 근육을 이완시키는 몸짓이다. 이는 발레가 지극히 인위적 몸짓이라면, 즉흥춤은 지극히 자연적 몸짓임을 말해준다. 춤추는 자아의 이 자연스런 몸짓은 일차적으로는 인간과 인간사회에 향해 있는 메시지이지만 인간의 자연성은 식생활에서 자연주의, 이를테면 채식주의나 전통적인 자연축산의 방법으로, 특히 각자가 자신의 집에서 기를 수 있는 (양의) 가축들을, 게다가 그 기른 정 때문에 쉽게 잡아 먹지 못하는 마음의 작용에도 불구하고 어쩔 수 없이 잡아 먹게 되는, 바로 그 정도의 육식만을 하는 삶에 지향되어 있을 수 있다.

[6] 브레이크댄스와 상호문화성의 법

Ⅰ. 브레이크댄스의 기초적 이해

1. 브레이크댄스의 특징들

브레이크댄스(Breakdance)는 춤으로 표현된 힙합(hip-hop)이라는 음악적 텍스트(악보)라고 할 수 있다.[1)] 브레이크댄스는 대체로 ① 각자의 자리에서 스텝을 밟으며 자신을 소개하는 업록킹(uprocking), ② 바닥에 손을 대고 손과 발을 함께 사용하며, 특히 6-스텝(six-stepping)을 밟는 다운록(Downrock), ③ 무수히 많은 스핀(spins)과 플립(flips)을 사용하면서 아크로바틱한 자세들을 실현하는 파워무브(powermove), ④ 그리고 끝맺음 자세로 취하는 프리즈(freeze)의 4단계로 구성된다. 이런 점에서 볼 때 브레이크댄스는 아무런 양식이 없는 즉흥접촉춤과 구별된다. 하지만 브레크댄스의 이와 같은 양식적 정형성은 발레의 경우처럼 견고한 것이 아니다. 브레이크댄스는 비보이들의 개인적

---

1) 브레이크댄스는 MCing, DJing, Graffiti과 함께 힙합의 4대요소로 불리기도 한다.

인 즉흥성에 의해 그때그때 구성되는 측면이 상당히 강하기 때문이다. 그렇기에 불과 40여년의 짧은 역사에도 불구하고, 브레이크댄스의 기술은 매우 다양하게 발전하였다. 이렇게 볼 때 브레이크댄스는 발레와 즉흥접촉춤, 그 사이에 위치한다.

2. 브레이크댄스의 초국가성

오늘날 브레이크댄스는 어떤 춤보다도 전 세계에 넓게 퍼져있다는 점이 주목할 만하다. 브레이크댄스의 시작은 1970년대 미국 뉴욕에서였다. 브롱크스(Bronx)를 중심으로 흑인들이 주류문화에 대한 저항적 함의를 담아 힙합 음악의 텍스트를 몸짓으로 표현한 거리의 춤이다. 이 하부문화적 생성사는 이후 다른 나라의 브레이크댄스에서도 비슷하다. 브레이크댄스는 1980년대 후반까지 미국에서 많은 관심과 사랑을 받다가 1980년대 후반 대중들의 관심에서 멀어지게 되었다. 그러나 1990년대 유럽에서 다시 부흥했고, 1990년대 후반에는 우리나라와 일본에까지 확산되었다. 특히 우리나라에서는 2000년대에 들어서 전문댄스그룹들(예: Visual Shock, Gambler, Last For One)이 생겼나고, 이들이 이후 각종 세계대회를 석권함으로써 우리나라는 명실상부하게 세계 브레이크댄스의 중심이 되고 있다. 브레이크댄스는 2000년대 후반에 들어서는 남미, 동남아, 아프리카, 중국에까지 확산되고 있다. 브레이크댄스의 확산은 마치 세계화의 진행에 병행해서 일어나는 현상처럼 보인다.

Ⅱ. 브레이크댄스와 인권법의 구조

1. 수행성과 공연성

브레이크댄스라는 기호가 갖는 법의 의미를 밝히기 위해서는 먼저 그 기호의 사회문화적 의미를 밝힐 필요가 있다. 이를 위해 페미니스트 버틀러(Butler)의 수행성과 공연성 개념을 전용하는 것은 매우 유용하다.

(1) 브레이크댄스의 수행성

수행성(Performativity)은 원래 페미니스트 버틀러(Butler)에 의하면 사회적 성(gender)이 실행되는 방식, 좀 더 비판적으로 말하면 성정체성에 대한 왜곡된 특성을 구성하는 허구적인 몸짓을 가리킨다.[2] 여기서 여성주의적 투쟁의 인식관심을 제거하고 일반화하면,[3] 수행성이란 개인적 자아를 어떤 문화의 특정한 춤으로 표현시키는 몸짓의 총체가 된다. 이때 문화의 요소로서 가장 중요한 것은 부르디외(Pierre Bourdieu)가 제안한 개념인 관습(habitus, 아비투스)이다. 즉 환경이나 사회적 계급, 교육수준, 재산정도 등에 의해 축적된 생활양식으로서 개인의 성향을 구조적으로 결정짓는 무의식적 습관들을 말한다. 그러므로 춤은 개인

---

2) Judith Butler, *Gender Trouble: Feminism and the Subversion der Identity* (New York: Routledge, 1990), 제2장(Bodily Inscriptions, Performative Subversions) 참조.

3) Halifu Osumare, "Global Breakdancing and the Intercultural Body", *Dance Research Journal* (Vol. 34, No. 2), 43쪽, 각주 2번 참조.

적 자아를 표현하는 문화적으로 개별화되고, 무의식적 관습으로 구조화된 몸짓이라 할 수 있다.

(2) 브레이크댄스의 공연성

춤은 이처럼 문화적 차원 이외에 그와 상반되는 체계적 차원을 갖는다. 브레이크댄스는 미국의 MTV나 우리나라의 M.net, KM 방송에 매일같이 흘러나오는[4] 힙합음악의 시각화된 텍스트로서 뮤직비디오는 하나의 상품으로 사용된다. 이는 자본주의체계에서 춤의 상업화 현상을 가리킨다. 철학계와 여성학계에서 '수행'으로 번역되는 버틀러의 Performance[5] 개념은 시장영역의 상업적 행위에 전용한다면 '공연성'으로 번역할 수 있다. 즉 상업적으로 행하는 모든 춤은 공연성을 갖는 것이다. 이 공연성을 부르디외는 개인들이 무의식적 관습에 상호적인 영향을 주는 사회영역이라는 의미에서 장(field)이라는 개념으로 표현하기도 했다. 공연성이든 장이든 모두 엔터테인먼트의 상품을 거래하는 시장을 가리킨다. 또한 오늘날 이 엔터테인먼트 시장은 국경을 넘어 세계화된 시장을 갖고 있다.

2. 브레이크댄스의 상호텍스트성과 직물구조

이처럼 브레이크댄스는 각 지역의 민속성(ethnicity), 즉 전통문화의 틀 속에서 무의식적 관습을 구현하면서도(수행성) 세계화된 시장의 상업적 수요에 부응하는 행위(공연성)의 양면성을 갖

---

4) 방송에서 브레이크댄스는 종종 CF나 텔레비전의 스테이션 아이디(station identification)로 사용된다.

5) Judith Butler, "'Performativity' Social Magic" in: Theodore R. Schatzko and Wolfgang Natter (eds.), *The Social and Political Body* (Guilford Press, 1996), 30쪽.

는다. 브레이크댄스는 공연의 차원에서는 국경을 넘어 전 세계의 시장 곳곳에 퍼져있는 초국가적인(transnational) 몸짓이지만, 수행성의 차원에서는 민속학적 전통문화의 지역적인(local) 몸짓이 된다는 것이다.

(1) 상호텍스트성

이것은 브레이크댄스가 시장에서 금전적 수익을 창출하는 합리적 행위라는 의미와 지역사회의 문화 속에 뿌리내려온 전통적 가치들을 이어나가는 감성적 행위라는 의미를 서로 엮어 짠 직물(織物)과 같은 모습임을 말한다. 이를 두고 브레이크댄스의 상호텍스트성(Intertextuality)[6]이라고 부를 수 있다. 상호텍스트성이란 크리스테바(Kristeva)가 바흐친의 이론을 발전시켜서 정립한 개념이다. 즉, 모든 작가는 — 의식적으로든 무의식적으로든 — 한 사회에서 말하여지거나 쓰인 타자의 '텍스트'들에 동화되어 이것이 작품에 배어 나올 수밖에 없다는 것이다. 브레이크댄스도 그러하다. 아무리 흑인들이 브레이크댄스를 통해 미국의 자본주의체제의 가치를 전복시키는 상징을 창출하려고 해도, 브레이크댄스는 그 자체로서 가장 미국적인 자본주의체제의 시장논리를 수용하고 이용한다.

예컨대 미국의 흑인들이 추는 브레이크댄스는 노예로 끌려왔던 조상들의 무기력하고 수동적인 존재의 이미지를 해체하는 상징을 창출하는데, 이는 시장체제의 저편에서가 아니라 바로 시장체제 위에서 이루어진다. 즉, 흑인 힙합전사들은 G-Unit이나 힙

6) 이 개념에 대한 자세한 설명으로는 Julia Kristeva, *Semiotikè: Recherches pour une sémanalyse* (Seuil, 1969), 144쪽, 그리고 Peter von Zima, *Textsoziologie. Eine kritische Einführung* (Metzler, 1980), 81~85쪽; 이를 인권문제에 적용한 이상돈, *인권법* (법문사, 2005), 58~60쪽 참조.

합풍의 R&B 가수 어셔(Usher Raymond)처럼 MTV와 같은 미디어의 산업활동이 전개되는 (엔터테인먼트) 시장을 지배하는 자가 됨으로써, 그리고 바로 그런 지배자의 이미지를 통하여 흑인의 전통적 이미지를 해체적으로 재구성하기 때문이다. 그런데 이때 시장 위에서 힘있는 행위자의 이미지를 생산하는 원천은 아프리카의 민족주의적 미학이다. 바로 이 점에서 브레이크댄스는 세계화를 촉진시키는 초국가적 행위자들인 코카콜라(사)나 MS(사)와 같은 다국적 기업들이 퍼뜨리는 대중문화와는 같으면서도 다르다고 할 수 있다.

(2) 브레이크댄스의 직물짜기

여기서 브레이크댄스는 태고의 아프리카에서부터 계승된 민족주의적 미학과 시장체제 위에서 상업적으로 성공한 스타의 미학을 짜깁기하고 있음을 알 수 있다. 물론 발레나 즉흥접촉춤에도 이와 같은 상호텍스트성이 전혀 없다고 할 수는 없지만, 브레이크댄스처럼 직물을 구성할 정도로 상호텍스트성은 없다. 그런데 미국의 흑인 비보이들이 추는 브레이크댄스의 직물은 주로 두 가지, 즉 상업적인 자본의 창출이라는 자본주의체제의 가치와 전통문화의 감성적 가치로 짜인 단순 문양(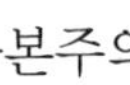)의 직물이다. 이에 비해 우리나라 비보이들(춤: 라스트 포 원[7])이 가야금으로 연주(연주자: 숙명여대 가야금연주단)하는 파헬벨의 캐논(canon)에 맞춰 브레이크댄스를 추는 공연(TV CF)은 훨씬 더 섬세한 직물구조를 보여준다. 이 공연에서 가야금은 자본주의 시장체제의 형성 이전 사회(전근대사회)의 에토스를, 파헬벨의 캐논은 서구 근

7) 라스트포원(Last4one)은 2005년 독일의 '배틀 오브 더 이어'에서 우승을 차지한 팀이다. 이들의 홈페이지(http://last4onecrew.cyworld.com)를 참조함.

대사회의 에토스를, 그리고 브레이크댄스는 탈근대사회의 에토스를 상징한다. 그러니까 이 공연은 전근대(전통)와 근대 그리고 탈근대(포스트모던)의 시축(時軸)들을 브레이크댄스가 짜는 직물의 구조적 형상으로 삼는다. 또한 이 브레이크댄스는 그 공연이 CF로 사용된다는 점에서 시장체계 위에서 수익을 창출하는 시장가치의 전형을 보여주면서도, 그런 시장체계에서 형성된 자본과 그 자본과 연계된 정치적 권력의 지배체제를 전복시키는 듯한 상징을 동시에 창출한다. 이렇게 종으로 횡으로 짜인 직물은 (횡으로만 짜인 미국 흑인 힙합 전사들이 추는 브레이크댄스보다) 훨씬 더 아름답다.

3. 인권법의 직물구조

브레이크댄스의 상호텍스트성과 직물짜기의 특성은 브레이크댄스가 오늘날 법체계에서 인권을 생성시키는 춤의 대표가 되게 만든다. 이는 무엇보다도 '절대불가침성', '양도불가능성'의 술어를 받는 주어로서 근대적 인권 개념이 포스트모던시대에 산적한 인권문제들을 해결하는 데 한계를 겪는 상황에서 더욱 주목할 만한 현상이다.

(1) 섬유로서 인권, 직물로서 인권법

오늘날 절대불가침의 "근대적 인권은 문화의 복수성 속에서 '하나의' 가치로서 다른 소수문화들과 직물짜기의 방식으로 융합"[8]될 수 있다. 여기서 소수문화란 사회적 소수자의 하부문화를 가리킨다. 예컨대 동성애는 전근대사회에서는 범죄이기도 했지만,

---

8) 이상돈, *인권법* (세창출판사, 2005), 59쪽.

오늘날엔 인권의 하나로 승인되어 가고 있다. 그러나 동성애는 원래 근대적 법질서에서도 합법화될 수가 없다. 왜냐하면 근대적 헌법은 이성애(異性愛)를 바탕으로 하고, 자본주의적 인간상의 전형인 소유적 개인주의가 지배하는 가족제도[9] 위에서 법공동체를 구축하고 있기 때문이다. 소유적 개인주의가 지배하는 가족제도는 이중혼도 금지하고, 혼인외의 성교도 불법화한다. 그렇기에 동성애는 근대법질서에서는, AIDS 감염의 고위험군이라는 따가운 눈총 속에서, 기껏해야 '관용'(tolerance)될 수 있을 뿐이다. 여기서 동성애를 관용하는 단계를 넘어 동거하는 동성애자들에게 입양권을 보장하고 사회보장급부의 상호적 수혜권을 누릴 수 있게 하는 합법적인 '시민결합권'을 인정해주어야 한다면, 그것은 오로지 직물짜기의 방식으로만 가능하다. 직물짜기는 이성애, 동성애, 심지어 양성애라는 각각의 섬유(纖維)들을 서로 어우러뜨려서 하나의 아름다운 천이 되도록 엮는 것을 말한다.[10] 각 섬유로 비유된 특정 사람들의 공통된 생각이나 문화의 고유성을 깨뜨리지 않으면서 서로 조화를 이루어 다양한 빛깔과 문양을 띠는 직물, 즉 더 성숙한 공동체를 이룰 수 있게 하는 것이다. 그러므로 동성애에게 시민결합의 수준을 넘어 '혼인권'을 주는 것은 옳지 않다. 이것은 흔히 말하듯 국가의 개입(예: ADIS 위험원인 자유로운 성관계에 대한 자기반성의 요구, 일부일처제의 강요)과

9) 대한민국헌법 제36조 제1항: "혼인과 가족생활은 개인의 존엄과 양성의 평등을 기초로 성립되고 유지되어야 하며, 국가는 이를 보장한다."

10) 이와 비슷한 생각으로 친족이라는 개념도 자연적 관계의 단일성에서 이해되지 않고, 다양한 조각들이 자율적으로 짜 맞춰진 것으로 이해된다는 J. Butler, "Is Kinship Always Heterosexual?", in: Wendy Brown & Janet Halley(eds.), *Left Legalism/Left Critique* (Duke University Press, 2002).

그로 인한 부작용(예: 동성혼이 아닌 다른 결합형태의 반사적인 불법화)[11] 때문만이 아니다. 더 중요한 이유는 동성혼을 인정하게 되면 전통적인 결혼제도를 따르는 사람들의 신념이 띨 수 있는 섬유의 빛깔이 동성애라는 섬유의 빛깔로 덧칠되어 그 고유한 빛깔이 퇴색되기 때문이다. 동성혼은 승인하지 않고 시민결합체만을 인정함으로써 전통적인 이성애자이든 동성애자이든 또는 양성애자이든 각자의 인권은 각자의 빛깔을 가진 섬유로 남은 채, 다른 사람의 인권과 함께 짜여 아름다운 가족제도가 만들어질 수 있다. 이와 같은 설명에서 다시 확인할 점은 각각의 인권은 다양한 빛깔과 질감의 섬유로 그리고 인권법은 그런 섬유들을 엮어 아름다움을 발산하게 짜놓은 직물로 환유(換喩, metonymy)될 수 있다는 점이다.

(2) 인권의 유형적 이해의 폐기

이런 환유는 인권법의 구조를 새롭게 이해하게 한다. 흔히 인권의 발전을 3세대, 즉 ① 제1세대 인권(자유권), ② 제2세대 인권(사회권), ③ 제3세대 인권으로 구분한다. 이런 구분은 사회권적 인권이 자유권적 인권과 모순관계에 놓이기 쉽고, 제3세대 인권은 자유권적 및 사회권적 인권에 의해 확보되지 않는 인권의 공백을 메운다는 점이 반영된 결과이다. 제3세대 인권론으로는 주로 환경권, 발전권, 평화권 또는 의사소통권, 인류공동의 유산에 대한 소유권, 자결권, 문화적 상이성을 주장할 권리, 정보 교환의 권리 등이 제시된다. 그러나 그 수많은 다양한 인권목록이 이 세 가지 유형에 가지런히 배치될 수가 없다. 강제적 배치는

11) J. Butler, “Is Kinship always heterosexual?”, *Left Legalism/Left Critique* (Duke University Press, 2002), 232, 242쪽 참조.

그 인권의 섬유가 발하는 빛깔을 변색시킬 수 있기 때문이다.

> **[이중국적자유의 인권유형]** 가령 이중국적의 자유는 세계화시대에 새로운 인권으로 승인될 만하다. 이중국적의 자유는 흔히 어떤 국가에서 시민으로 살 것인지에 대한 자기결정권을 보장한다는 점에서 제1세대 인권으로 분류되기 쉽다. 그러나 이중국적은 '국가로부터의 자유'가 아니라 '국가로 향한 자유'라는 점에서 제1세대 인권과 다르다. 그렇다고 이중국적의 자유가 그 개인의 생존을 배려하는 사회권적 성격이 두드러지는 것도 아니다. 또한 이중국적의 자유는 제3세대 인권의 전형적 특징들, 이를테면 ① 엷은 정치적 색채, ② 국가 대 개인의 문제가 아니라 개인, 국가, 공·사단체, 국제공동체가 연대해야 할 문제, ③ 국제법적 차원에서 먼저 제기되고 그 인정을 요구하고 있다는 점, ④ 그 주체가 개인이 아니라 민족이나 국가와 같은 집단이라는 점[12] 등에서 ②, ④의 요소에 충족되지는 않는다.

여기서 수많은 다양한 인권목록을 3세대로 유형화하는 사고는 포기되어야 함을 알 수 있다. 그 자체가 반(反)인권적 사고를 보여준다. 인권을 세 가지로 유형화하려는 노력은 마치 캐논의 가야금 연주에 맞춰 추는 브레이크댄스가 캐논이라는 근대적 음악의 텍스트와 가야금의 질감적 선율 그리고 전복적인 시각적 형상을 엮어 만드는 작품(직물)과, 하와이의 토착문화와 엮어 브레이크댄스가 만드는 작품 그리고 뉴욕의 흑인 비보이가 추는 브레이크댄스가 수행하는 검은 몸의 재해석, 이 셋을 각기 어떻게 유형화할지를 두고 고민하는 것과 같다. 헤아릴 수 없이 많은

12) 제3세대 인권에 대한 개관은 홍성방, "제3세대 인권", *법정고시* (제5호, 1996), 32~44쪽 참조. 특히 제3세대 인권 중 발전권에 대해서는 김형민, "발전과 인권: 제3세대의 인권론을 중심으로", *한국기독교신학논총* (제13호, 1996), 203~234쪽 참조.

섬유와 직물이 있듯, 헤아릴 수 없이 많은 인권이 있을 뿐이다.

Ⅲ. 브레이크댄스의 상호문화성과 상호문화성의 법

브레이크댄스는 구조적으로는 수행성과 공연성의 두 요소로 짜인 춤이다. 이런 춤을 추는 몸은 '상호문화적[13) 몸'(intercultural body)으로 개념화할 수 있다. 상호문화적 몸으로서 브레이크댄스는 상호문화적 법의 현상을 잘 이해할 수 있게 한다. 오스마(Osumare)는 브레이크댄스를 추는 미국 흑인의 몸을 상호문화적 몸으로 개념화하였다. 이 개념은 "사회문화적 공간(sociocultural)에서 상호작용하는 감각적인 존재"[14)]로 이해되는 인간이 "글로벌 팝문화와 민속학적 전통문화라는 커다란 틀에서 즉흥적으로 춤추는 몸"[15)]을 가리킨다.

1. 상호문화성과 하부문화의 법

(1) 주류문화와 비주류 하부문화의 상호성

그러나 미국의 흑인 비보이가 미국의 주류문화와 지배체계에 대해 전복적인 몸짓을 한다고 해서 그의 몸이 상호문화적 몸이 되는 것은 아니다. 그것은 하나의 국가 안에서 단지 주류문화와

---

13) 춤에서 interculturalism을 상호문화주의가 아니라 문화상호주의로 번역하기도 한다. 조기숙, "춤의 새로운 비전을 위한 고찰. 몸의 체험을 기반으로 한 연구와 성찰을 위하여", *한국무용기록학회지* (제17권, 2009), 180쪽 참조. 그러나 문화'상호주의'는 법학의 맥락에서보면 문화상대주의와 혼동되기 쉽고, 상법상의 상호 개념도 연상시킨다는 점에서 다소 부적절하다.

14) Halifu Osumare, "Global Breakdancing and the Intercultural Body", *Dance Research Journal* (Vol. 34, No. 2), 42쪽.

15) 앞의 논문, 42쪽.

비주류 하부문화 사이를 소통시키는 것이 될 수는 있지만, 세계화시대의 다양한 민족간의 문화적 소통을 포괄하고 있지는 않기 때문이다. 미국의 흑인 비보이가 추는 브레이크댄스는 — 특히 1990년대 유럽으로 퍼지기 이전에는 더욱더 — 수행성과 공연성, 무의식적 관습과 상업적 시장의 이중성만을 포함하는 상호텍스트성의 단계에 머물러 있는 것이다.

하지만 주류문화와 비주류 하부문화 사이의 상호성이라는 의미의 상호문화성도 법의 형성에 중요한 요소로 자리잡을 수 있다. 이런 상호성은 주류문화에 대해서는 '전복(顚覆)적 의미'(subversive means)를 주고, 하부문화에 대해서 건설적 의미를 준다고 생각하기 쉽다.

1) 얼음동작의 전복적 의미 가령 브레이크댄스의 전형적 동작 가운데 한 예로서 얼음(freeze) 동작을 들 수 있다. 얼음은 정지, 고정의 의미이며 그 심층적 기의는 인간의 몸을 "젊은 남성의 생명력과 그 반대편의 것들, 이를테면 여성, 동물(개, 말, 노새), 어린아이, 노인, 부상과 질병 … 그리고 죽음과 비교하고 대조시키는 가정법의 상태에서"16) 인간의 몸을 탐구하는 것이다. 여기서 비교와 대조는 차별화를 위한 것이 아니라 역설적이게도 사회적 연대를 촉진시킨다. 그러니까 비보이는 얼음동작을 할 때 그 동작을 지켜보는 사람들에게 '내가 이렇게 강인한 몸의 동작을 취할 수 있는데, 바로 그렇기 때문에 그렇지 못한 약한 사람들을 잠시 함께 생각해보자'고 말을 걸고 있는 것 같아 보인다.

---

16) Sally Banes, "Breaking", *Fresh Hip Hop Don't Stop* (Random House, 1985), 97쪽.

또한 그렇게 말 거는 순간에 — 즉, 각기 개인 퍼포먼스를 끝낼 때 얼음동작을 취하는 순간에 — 다음 차례의 비보이가 들어와 춤을 춘다. 이는 에티켓이자, 개인주의가 지배하는 형태의 춤에서 사회적 연대를 창출하는 것이다.

2) 브레이크댄스의 시장적 의미 그러나 브레이크댄스가 비록 흑인의 하부문화에서 생장한 것이지만, 미국의 엔터테인먼트 산업의 성장과 시장의 확장에 기여함으로써 자본주의체제의 주류문화에 간접적으로 기여한다는 점을 간과할 수 없다. 또한 주류문화도 흑인의 하부문화의 영향 속에 성찰적인 자기변화를 도모하거나 적어도 그 내용의 풍요로움을 키울 수 있다. 반면에 브레이크댄스가 MTV로 상징되는 시장의 상품으로 전용됨으로써 그 춤을 추는 흑인들의 하부문화도 주류문화적 풍취와 물적 기반을 얻는다. 우리나라에서도 이런 변화는 비슷하다. 브레이크댄스는 뒷골목 아이들만의 문화, 헐렁한 복장으로 기성사회에 대한 불만을 표출하는 하부문화에 머무르지 않고, Mnet의 드라마 <브레이크>처럼 방송시장의 상품으로 전용되고, <비보이를 사랑한 발레리나>나 <더 코드> 등과 같이 다양한 변주에 의한 상품으로서[17] 시장에 확장적인 침투를 계속하고 있다. 그렇기 때문에 주류문화와 비주류 하부문화 사이의 상호성은 주류문화와 하부문화에 대해 모두 전복적이면서 동시에 생산적인 것이 된다.

(2) 하부문화적 법

브레이크댄스의 이와 같은 상호문화성은 법도 주류문화와 비

17) 이에 관해 송준호, "한국 비보이의 세계적 트렌드현상에 대한 소고", *월간 말*(통권 245호, 2006), 222~225쪽.

주류 하부문화 사이의 상호성을 도모해야 함을 말해준다. 그럴 때에만 법은 더 민주적이며, 덜 계급적일 수 있고, 민주적 법치국가가 문화가 편향되지 않고 인간성이 풍요롭게 피어나는 국가, 곧 문화국가가 될 수 있다.[18] 문화국가의 현대적 의미는 상호문화성을 실현하는 국가이다. 그 첫 단계가 한 국가 내부에서도 주류문화와 비주류 하부문화 사이의 상호성을 도모하는 일이다.

1) 법에서 하부문화의 고려　　　이런 문화국가적 과제는 법으로 하여금 하부문화의 현상을 법의 형성이나 법률해석에서 고려하게 하는 방법으로 이행할 수 있다.

ⓐ 가령 성전환자들의 의식, 행동관습, 연출스타일 등도 하나의 하부문화가 된다. 그들의 집단의식은 법의 적용에서 고려되어야 한다. 예컨대 성전환수술로 여자가 된 생래적 남자는 그들의 하부문화에서는 분명히 여자이다. 그렇기 때문에 그런 여자를 때려 성교를 하려다 다치게 한 남자의 행위는 강제추행치상죄가 아니라 강간치상죄의 적용을 받아야 한다. “성염색체의 구성이나 본래의 내·외부성기의 구조 …(중략)… 수술 후에도 여성으로서의 생식능력은 없는 점 …(중략)… 등 여러 요소를 종합적으로 고려하여 보면 위 피해자를 사회통념상 여자로 볼 수는 없다”[19]는 판결은 전통적인 남성성과 여성성의 구별 위에 서 있는 주류문화에 고착되어 있는 것이다.

18) 헌법 제9조는 “국가는 전통문화의 계승·발전과 민족문화의 창달에 노력하여야 한다.”고 규정한다. 여기서 전통문화의 발전은 전통문화의 재해석을 통한 현대문화의 생산을 의미한다는 점에서 우리의 헌법에서 국가는 문화국가이어야 한다. 다만 민족문화의 창달은 단일민족 사회의 역사의식이 낳은 것으로서 다민족 사회로 이행하고, 전 세계가 다양한 문화를 서로 소통시키는 시대에 접어들었다는 점을 고려할 때 (헌법개정을 통하여) 삭제되어야 한다.
19) 대판 1996.6.11, 96도791.

ⓑ 대법원은 최근 호적상 성별정정의 문제에서는 여성에서 남성으로 전환한 자의 호적정정을 허가하는 입장을 취했다. 본인의 성정체성과 사회적 남성의 역할수행 등을 이유로 삼았지만 "주위 사람들로부터도 그 성으로서 인식되고 있으며, 전환된 성을 그 사람의 성이라고 보더라도 다른 사람들과의 신분관계에 중대한 변동을 초래하거나 사회에 부정적인 영향을 주지 아니하여 사회적으로 허용된다"[20]는 단서를 달았다.

이처럼 대법원은 성전환자들의 하부문화를 통해 주류문화(남성성과 여성성의 준별)를 성찰함이 없이 (ⓐ에서 인용된 판례는) 주류문화의 근간을 고수하거나[21] (ⓑ에서 인용된 판례는) 크게 흔들어 놓지 않는 범위에서 예외적인 배려의 정책을 쓰고 있다. 하지만 남성 (무의식) 속에 여성성(anima), 여성 (무의식) 속에 남성성(animus)이라는 정신분석학적 통찰은 주류문화의 근간을 고수하려는 법정책이 문화국가의 실현에 역행하는 것임을 말해준다.

2) 사회규범으로서 하부문화 여기서 하부문화를 단지 예외적으로 배려해주는 것이 아니라 원칙적으로 '승인'하고 고려하는 법의 태도는 문화국가의 인프라라고 말할 수 있다. 그런 법을 '하부문화적 법'(subcultural law)이라고 부를 수 있다. 이 개념은 주류문화와 하부문화를 소통시키는 법을 의미한다. 다른 각도에서 보면 하부문화적 법은 주류문화를 일방적으로 억압하고 전복시키는 법이 아니다. 따라서 하부문화적 법은 하부문화가 일종의

20) 대판 2006.6.22, 2004스42 (전원합의체 결정)

21) 앞의 삽입글 ⓐ에서 인용된 판례는 유니섹스 시대에 남성성을 구출하려는 상징적 전략을 쓴다고 평할 수 있다. 이에 관해 이상돈, *기초법학* (법문사, 2010), 816쪽 참조.

사회규범이 된 경우에 비로소 그것을 승인하고 고려해야만 한다.

예컨대 오토바이 폭주족들의 동호회에서 흔히 서로에게 벌이는 터프한 행동은 그 하부문화 안에서는 어떤 법적 책임을 가져오지 않는다는 법해석(예: 경범죄처벌법의 적용)을 할 수 있다. 그러나 그 동호회에 속하지 않은 일반시민에게 같은 행동을 한 경우에, 즉 그런 행동을 예의가 아니라 폭행으로 받아들이는 주류시민문화에서는 여전히 폭행죄로 제재를 가할 수 있다.

2. 초국가적 상호문화성과 법

(1) 브레이크댄스의 상호문화성

여기서 상호문화적 몸짓으로서 브레이크댄스의 의미는 상호텍스트성의 맥락에서 파악하되, 맥락을 함께 형성하는 텍스트의 개념에는 한 국가 내의 주류문화와 비주류문화만이 아니라 국가가 다르고 역사와 전통이 다른 지역의 문화권들을 대입해 넣을 수 있어야 한다. 즉, 브레이크댄스를 추는 춤꾼들은 어떤 국가, 어떤 민족에 속하건 간에, 자국의 민속학적 전통문화를 재해석하고 그를 통해 자신의 정체성을 형성하는 몸짓을 수행할 수 있다. 가령 한국의 비보이들은 미국의 비보이들에 비해 자유로운 스타일보다 조직적인 스타일을 취하며, 또한 절박함의 미학이 빛난다고 한다.[22] 절박함은 한국사회 청소년의 하부문화에서 재해석된 브레이크댄스의 미학이다. 이 미학은 파워무브의 고난이도 기술의 틀마저 깨뜨렸다고 한다. 한국 비보이들의 브레이크댄스에 대한 문화적 재해석과 기술적 발전은 때로는 서구 강대국의 견제를 받

22) 이런 이해로 세계적인 한국의 비보이 홍텐의 레이디경향 인터뷰(2007.5.21.) (http://zine.media.daum.net/ladykh/view.html?cateid=3000&newsid=20070521120813613&p=ladykh) 참조.

기도 했지만, 오늘날에는 세계 각국의 비보이들로부터 존중받고 있다. 이 존중은 한국 비보이의 브레이크댄스에 입력된 한국 청소년들의 무의식적 관습(habitus)에 대한 존중이다. 이 존중을 통해 다른 지역의 청소년들은 타자의 고유성을 인식할 뿐만 아니라 자신들의 자아를 다시 성찰하는 계기를 가질 수 있다. 물론 이런 존중와 성찰은 한국 비보이들이 미국의 브레이크댄스를 보고 배우는 과정에서도 일어난 것이다. 이로써 미국의 비보이 문화와 한국의 비보이 문화는 상호적인 것이 된다. 이런 상호문화성이 다른 어떤 춤보다도 브레이크댄스에서 가장 넓게 전 세계적으로 확산되어 있다고 보인다.

여기서 브레이크댄스의 상호텍스트성과 상호문화성을 브레이크댄스의 하부문화가 갖는 수직적 차원과 수평적 차원으로 개념화함으로써 양자의 차이를 좀더 명료하게 할 수 있을 것이다.

— (수직적 차원에서) 브레이크댄스는 자본주의 사회에서 경제영역뿐만 아니라 정치영역[23)]을 포함한 거의 모든 사회영역을 지배하게 된 시장의 거대한 힘에 맞서는 (비록 약하지만) 대항마와 같은 하부문화이다.
— (수평적 차원에서) 브레이크댄스는 이미 거의 모든 대륙에 걸쳐 국경을 넘어, 다양한 문화를 가로지르는 글로벌 하부문화이다.

(2) 상호문화적 법

브레이크댄스의 상호문화성은 브레이크댄스가 기호화하는 법

23) 정치의 시장화(Vermarktung)에 관해서 이상돈, *형법의 근대성과 대화이론* (홍문사, 1994), 48쪽 아래 참조.

의 상호문화성을 가리킨다.[24)]

1) 상호문화성의 의미 여기서 상호문화성은 모든 문화권을 포괄하는 보편성의 법문화를 가리키는 것이 아니다.

> 테러나 인종학살 등과 같은 범죄들을 처벌하는 법은 얼핏 문화초월적 보편성을 지니는 법처럼 보인다. 그러나 이런 보편성은 이슬람권과 서방세계 사이의 근본관점의 차이를 문화(culture)의 차이가 아니라 문명(civilisation)의 대립으로 볼 때 비로소 인정될 수 있을 뿐이다. 따라서 문화의 다원성과 상호존중은 서구의 민주주의 체제를 수용한 국가들 사이에서만 타당한 것이 된다.

상호문화성은 서로 다른 (법)문화(권)를 가로지르는 것, 그러니까 서로 다른 (법)문화 사이의 소통을 통하여 각 (법)문화가 자기반성적 변화와 발전을 이루어나가는 것을 가리킨다. 상호문화성은 강대국 중심으로 전개되는 세계화 흐름의 대립항이 될 수 있다. 세계화 시대에 법의 상호문화성은 세계를 통괄하는 단일한 법의 정립이 아니라 국가단위의 법체계들이 서로 이해를 확장해 감으로써 대립을 지양하고 조화를 도모하는 (초국가적인) 법을 요구한다. 오늘날 상호문화성은 "자유주의적 법제도의 본질적인 부분"(integralen Bestandteil eines freiheitlichen Rechtswesens)[25)] 으로까지 인정되어가고 있다.

---

24) Otfried Höffe, *Gibt es ein interkulturelles Strafrecht? Ein philosophischer Versuch* (Suhrkamp, 1999).

25) 이런 이해로 Otfried Höffe, *Gibt es ein interkulturelles Strafrecht?: Ein philosophischer Versuch* (Suhrkamp, 1999), Vorwort 참조.

2) 상호문화적 법의 조건 여기서 초국가적 법이 형성되는 과정의 대강을 기획해보자.[26] ① 첫째, 모든 각국의 법은 세계화 시대에는 원칙적으로 초국가적 효력을 주장할 수 있다. ② 둘째, 그러나 이 주장은 그 국가형법이 이질적인 구성의 세계시민사회 안에서 형성되는 초국가적 공론에 의해 정당화될 것을 전제한다. ③ 셋째, 초국가적 공론이 다양한 시민단체들의 국제적 연대에 힘입어 다른 국가의 국내공론에 영향을 미치는 대화적 방식으로, 한 국가의 형법은 다른 국가의 공론에 의해 타당한 것으로 수용된다. ④ 넷째, 한 국가의 공론은 다른 국가의 국내공론이나 초국가적 공론과 소통을 할 수 있어야 한다. ⑤ 다섯째, 이와 같은 다른 국가의 공론을 상호 존중하고, 어떤 국가의 국내공론도 다른 국가의 국내공론과 같은 내용으로 변화될 수 있어야 한다. 이는 세계화 시대의 에토스이다.

> **[형법의 초국가적 확장]** 가령 한국 회사 X(주)는 그 회사의 ATM을 미국에 총판하기로 계약을 맺은 미국 소재 회사 Y(주)가 계약을 불이행하자 Y를 상대로 중재판정을 받아 손해배상 및 미수금 채권을 확정받았다. Y회사의 대주주이자 대표이사 甲은 Y회사의 자산 및 영업권(모두 미국 소재)을 자신이 지배하는 또 다른 미국회사 Z에 이전하고 Y에 대해서는 파산절차를 개시하였다. 이 경우에 甲에게 한국의 강제집행면탈죄(형법 제327조)를 적용하는 것은 한국형법을 초국가적 형법으로 확장하는 것이 된다. 이런 확장

26) 이하의 기획은 Alexander von Humbolt Stiftung/Deutscher Akademische Austausch Dienst가 일본 도쿄에서 주최한 *Globalisierung und Recht* (2005.09.28.~2005.9.29.), Arbeitsgruppe Strafrecht의 “Grenzüberschreitende Kriminalität und Internationalisierung des Strafrechts”에서 지정토론자(Erster Kommentar)로 내가 발표한 “Globalisierung und Strafrecht”와 고려대 법과대학 주최 *세계화 시대의 법과 한국법의 발전* (2005.11.19.)에서 발표한, “세계화와 한국형법의 미래”, 105~108쪽에서 세운 것임.

> 은 강제집행면탈죄의 각국의 입법상태가 차이가 남에도 불구하고 중재판정에 대한 상호적 존중과 집행에 관한 초국가적 공론이 형성되어 있기 때문에 가능하다. 그런 공론은 「외국중재판정의 승인 및 집행에 관한 UN협약」으로 법제화되어 있다. 하지만 국제조약은 초국가적 공론의 결과가 아니라 강대국들의 정치적 타협의 결과일 수 있다. 또한 강제집행면탈죄의 초국가적 확장적용은 이 사안에서 한국과 미국이 「외국중재판정의 승인 및 집행에 관한 UN협약」에 가입되어 있다는 점에서 양국의 국내공론에 의해 뒷받침되고 있다.[27)]

이런 테두리 조건을 충족하는 한 어떤 국가의 국내법도 초국가적 효력을 얻을 수 있다. 이런 효력은 고정되어 있는 것이 아니라, 어떤 법규범에서는 이 국가의 법규범이, 다른 어떤 법규범에서는 저 국가의 법규범이 각각 초국가적 효력을 가질 수 있다. 법이 초국가적 효력을 갖는다는 것은 고정된 합법성이 아니라 이처럼 개방적인 '상호합법성'(interlegality)을 갖는 것을 말한다. 상호합법성으로 무장된 법은 상호문화적이다. 그러기 때문에 상호합법성은 열려있는 보편적 코드라고 부를 수 있다. 이 코드는 브레이크댄스의 몸짓이 생산하는 문화적 코드에 의해 상징화되고 있다.

---

27) 물론 국내형법의 초국가적 확장은 좀더 세밀한 테두리조건에서 이루어진다. 이 사안에서 검토하지 않았지만 위에서 다룬 국제조약에 의한 뒷받침 이외에도 ① 초국가적 이익의 보호, ② 개별국가에 의한 보호가능성의 불충분성, ③ 이익보호를 위한 형법의 적합성, ④ 보호이익의 특별한 중대성 등을 테두리조건으로 드는 Higeldorf, "Nationales oder transnationales Strafrecht?", *Raum und Recht* (Berlin, 2002), 333~356쪽 (이상돈·홍승희 공역, *형법의 세계화와 전문화* [박영사, 2010], 35~39쪽) 참조.

사항색인

ㅂ

ㅅ

ㅇ

ㅈ

ㅊ

ㅎ

인명색인

〔저　서〕

◇ 기초법 분야 ◇

- 『Wortlautgrenze, Intersubjektivität und Kontext-einbettung』, Frankturt/New York 1992
- 『법이론』, 박영사, 1996(제1판); 세창출판사, 2005(제2판)
- 『법학입문』, 박영사, 1997(제1판); 법문사, 2005(제3판)
- 『법사회학』(이상돈 · 홍성수), 박영사, 2000
- 『법철학』, 법문사, 2003
- 『욕망은 행복을 낯설게 한다. 모더니즘의 행복론』, 연극과 인간, 2003
- 『인권법』, 세창출판사, 2005
- 『법문학』(이상돈 · 이소영), 신영사, 2005
- 『문헌연구 포스트모더니즘과 법』(이상돈 · 이소영 · 민윤영 · 정채연), 세창출판사, 2006
- 『시민운동론』, 세창출판사, 2007
- 『기초법학』, 법문사, 2008, 2010
- 『법미학』, 법문사, 2010
- 『로스쿨을 위한 법학입문』, 법문사, 2009
- 『법정신분석학입문』(2인공저), 법문사, 2010

◇ 형사법 분야 ◇

- 『형법의 근대성과 대화이론』, 홍문사, 1994
- 『형사소송법 사안풀이와 법치국가』, 태진사, 1995
- 『형사소송법』(2인공저), 홍문사, 1996(제1판), 2004(제6판)
- 『형사소송원론. 형사소송의 근대성과 대화이론』, 법문사, 1998
- 『형법정책』(배종대 · 이상돈 편역), 세창출판사, 1999
- 『형사소송법연습』, 법문사, 1999(제1판)
- 『형법학. 형법이론과 형법정책』, 법문사, 1999
- 『법률해석의 한계』(5인공저), 법문사, 2000
- 『사례연습 형사소송법』, 법문사, 2001(제2판), 2004(제3판)
- 『헌법재판과 형법정책』, 고려대출판부, 2005

◇ 의료법 분야 ◇

- 『의료형법』, 법문사, 1998
- 『의료체계와 법』, 고대출판부, 2000
- 『치료중단과 형사책임』, 법문사, 2002
- 『생명공학과 법』, 아카넷, 2003
- 『수가계약제의 이론과 현실』, 세창출판사, 2009
- 『의료법강의』(2인공저), 법문사, 2009

◇ 경영법 분야 ◇

- 『부실감사법』, 법문사, 2004
- 『윤리경영과 형법』, 신영사, 2005
- 『공익소송론』, 세창출판사, 2006
- 『부실감사 판례연구』, 법문사, 2006
- 『사례연구 기업윤리와 법』(이상돈 · 지유미 · 박혜림), 법문사, 2008
- 『조세형법론』, 세창출판사, 2009
- 『공정거래형법』, 법문사, 2010
- 『증권형법』, 법문사, 2011
- 『경영과 형법』, 법문사, 2011

［저자약력］

서울출생
서울 중앙중학교 졸업
서울 고등학교 졸업
고려대학교 법과대학 졸업
고려대학교 대학원 졸업(법학석사)
독일 프랑크푸르트 대학교 대학원 졸업(Dr.jur.)
현재, 고려대학교 법학전문대학원 정교수
고려대학교 법학연구원 원장

법의 춤

2012년 1월 5일 초판 인쇄
2012년 1월 10일 초판 1쇄발행

저 자 이 상 돈
발행인 배 효 선
발행처 도서출판 法 文 社

413-756 경기도 파주시 문발동 526-3
등 록 1957년 12월 12일/제2-76호(윤)
전 화 (031)955-6500~6 FAX (031)955-6525
E-mail (영업) bms@bobmunsa.co.kr
(편집) edit66@bobmunsa.co.kr
홈페이지 http://www.bobmunsa.co.kr
조 판 (주) 성 지 이 디 피

정가 22,000원 ISBN 978-89-18-08015-4